普通高等学校城市轨道交通专业规划教材
组织委员会

主　任	罗　斌	王丰胜			
副主任	储继红	胡勇健	刘明亮	李　锐	
委　员	郑　斌	廉　星	刘蓉蓉	朱海燕	李建洋	娄　智
	杨光明	左美生				

普通高等学校城市轨道交通专业规划教材
编写委员会

主　编	李　锐	刘蓉蓉			
副主编	郑　斌	段明华			
编　委	张国侯	李宇辉	穆中华	左美生	娄　智	李志成
	兰清群	钟晓旭	李队员	王晓飞	李泽军	李艳艳
	颜　争	彭　骏	黄建中	周云娣	陈　谦	黄远春
	田　亮	文　杰	任志杰	李国伟	薛　亮	牛云霞
	张　荣	苏　颖	孔　华	高剑锋	储　粲	孙醒鸣
	罗　涛	胡永军	洪　飞	韦允城	吴文苗	钟　高
	张诗航	张敬文	武止戈	吴　柳	赵　猛	沙　磊
	吴　仃	赵瑞雪	聂化东	彭元龙	胡　啸	干　慧
	项红叶	马晓丹	孙　欣	邹正军	余泳逸	

普通高等学校"十三五"省级规划教材
普通高等学校城市轨道交通专业规划教材

城市轨道交通
通风空调技术与应用

主　编　左美生　洪　飞

编写人员（以姓氏笔画为序）

左美生　洪　飞
胡　啸　彭　骏

中国科学技术大学出版社

内 容 简 介

本书着重介绍城市轨道交通通风空调基本运行原理、通风空调设备基本操作方法、通风空调设备检修方法、通风空调设备管理方法等内容，结合行业实际对相关技术人员的要求设置内容及相关技能训练，培养学生良好的针对城市轨道交通通风空调的维修维护技能，为今后良好就业打下基础。

本书可供高校城市轨道交通专业使用，也可供相关行业技术人员参考。

本书著作权由安徽交通职业技术学院与合肥市轨道交通集团有限公司共同拥有。

图书在版编目(CIP)数据

城市轨道交通通风空调技术与应用/左美生，洪飞主编. —合肥：中国科学技术大学出版社，2022.7

安徽省普通高等学校"十三五"省级规划教材

ISBN 978-7-312-03152-6

Ⅰ. 城… Ⅱ. ①左… ②洪… Ⅲ. 城市铁路—轨道交通—通风设备 Ⅳ. U239.5

中国版本图书馆 CIP 数据核字(2022)第 080749 号

城市轨道交通通风空调技术与应用
CHENGSHI GUIDAO JIAOTONG TONGFENG KONGTIAO JISHU YU YINGYONG

出版	中国科学技术大学出版社
	安徽省合肥市金寨路96号,230026
	http://press.ustc.edu.cn
	http://zgkxjsdxcbs.tmall.com
印刷	合肥皖科印务有限公司
发行	中国科学技术大学出版社
开本	787 mm×1092 mm 1/16
印张	11
字数	267 千
版次	2022 年 7 月第 1 版
印次	2022 年 7 月第 1 次印刷
定价	40.00 元

总　序

本套教材根据城市轨道交通运营管理、城市轨道交通通信信号技术、城市轨道交通车辆技术、城市轨道交通机电技术、城市轨道交通供配电技术专业的人才培养需要，结合对职业岗位能力的要求，由安徽交通职业技术学院、南京铁道职业技术学院、郑州铁路职业技术学院、上海工程技术大学、沈阳交通高等专科学校、新疆交通职业技术学院、合肥职业技术学院、合肥铁路工程学校、合肥市轨道交通集团有限公司、深圳城市轨道交通运营公司、杭州城市轨道交通运营公司、宁波城市轨道交通运营公司、郑州铁路局等单位共同编写。

本套教材整合了国内主要城市轨道交通运营企业现场作业的内容，以实际工作项目为主线，以项目中的具体工作任务作为知识学习要点，并针对各项任务设计模拟实训与思考练习，实现了通过课堂环境模拟现场岗位作业情景促进学生自我学习、自我训练的目标，体现了"岗位导向、学练一体"的教学理念。

本套教材涵盖城市轨道交通运营管理、城市轨道交通通信信号技术、城市轨道交通车辆技术、城市轨道交通机电技术、城市轨道交通供配电技术专业，可作为以上各相关专业课程的教材，并可供相关城市轨道交通运营企业相关人员参考。

普通高等学校城市轨道交通专业规划教材
编写委员会

前　言

"城市轨道交通通风空调技术与应用"是城市轨道交通机电技术专业方向的一门技术应用课程，旨在培养学习者对城市轨道通风空调系统的应用能力和对突发事件的处理能力，满足相关岗位技术能力要求。

为适应全面提高高等职业教育教学质量和培养面向生产、建设、服务、管理一线需要的高技能人才的要求，本书立足于高等职业教育人才培养目标，本着"理论与实践一体化"的原则，在内容安排上力求由浅入深、循序渐进、图文并茂，以实用为宗旨，以应用为目的，结合城市轨道交通通风空调系统近几年的发展，重点介绍城市轨道交通通风系统、空调系统、空调水系统、系统接口等方面内容。

全书分为技术篇和应用篇两大类，其中技术篇共5章，介绍城市轨道交通通风空调系统运行原理、水系统运行原理、通风空调系统接口等内容；应用篇共4章，主要介绍通风空调设备安装、系统运行管理及故障检修处理等内容。

本书内容全面、重点突出、层次清晰、结构新颖、实用性强，可作为高校轨道交通类、智能交通类、机电类等有关专业相关课程的教材，也可作为地铁相关工程技术人员的入职培训参考书。

本书第1章由合肥职业技术学院胡啸编写；第2、3章由安徽铁路工程学校左美生编写；第4、5、6章由安徽交通职业技术学院彭骏编写；第7、8、9章由合肥市轨道交通集团有限公司运营分公司洪飞编写。全书由左美生、洪飞统稿，由安徽交通职业技术学院李锐审稿。

由于时间仓促，加之编者水平有限，书中难免有不妥之处，敬请广大读者批评指正。

编　者

目 录

总序 ·· (i)

前言 ·· (iii)

技 术 篇

第1章 城市轨道交通通风空调系统概述 ··· (3)
  1.1 通风空调技术简介 ··· (3)
  1.2 城市轨道交通通风空调系统类型和标准 ·· (4)

第2章 城市轨道交通通风系统 ··· (8)
  2.1 隧道通风系统 ··· (8)
  2.2 车站通风空调及防排烟系统 ·· (9)
  2.3 隧道通风设备 ··· (11)
  2.4 车站通风设备 ··· (14)

第3章 城市轨道交通空调系统 ··· (19)
  3.1 空调系统原理 ··· (19)
  3.2 制冷剂、载冷剂和润滑油 ··· (21)
  3.3 空调系统分类 ··· (27)
  3.4 制冷设备 ··· (31)

第4章 城市轨道交通空调水系统 ·· (54)
  4.1 冷水机组 ··· (54)
  4.2 冷冻水系统 ·· (56)
  4.3 冷却水系统 ·· (65)
  4.4 空调水泵 ··· (68)

第5章 城市轨道交通通风空调系统接口 ··· (71)
  5.1 与BAS系统的接口 ··· (71)

5.2 与低压配电系统接口 ……………………………………………………（75）
5.3 通风空调系统重要设备接口功能 ………………………………………（78）

应 用 篇

第6章 城市轨道交通通风空调安装要求 ……………………………………（83）
6.1 风管安装 …………………………………………………………………（83）
6.2 风机设备安装 ……………………………………………………………（86）
6.3 风阀和消声器安装 ………………………………………………………（87）
6.4 空气处理设备安装 ………………………………………………………（88）
6.5 冷水机组安装 ……………………………………………………………（89）
6.6 冷却塔安装 ………………………………………………………………（90）
6.7 水泵安装 …………………………………………………………………（92）
6.8 变频多联机空调安装 ……………………………………………………（93）

第7章 城市轨道交通通风空调系统运行管理 ………………………………（96）
7.1 运行管理的内容和组织 …………………………………………………（96）
7.2 系统巡视及运行 …………………………………………………………（98）
7.3 环控系统设备的维修管理 ………………………………………………(117)

第8章 城市轨道交通通风空调故障处理 ……………………………………(121)
8.1 故障处理程序 ……………………………………………………………(121)
8.2 常见故障处理 ……………………………………………………………(133)

第9章 城市轨道交通通风空调系统检修 ……………………………………(141)
9.1 通风空调系统检修标准 …………………………………………………(141)
9.2 通风空调检修规定周期和内容 …………………………………………(148)

附录 ………………………………………………………………………………(154)
附录A 环控设备日检巡视记录表 …………………………………………(154)
附录B 环控设备月检记录表 ………………………………………………(157)
附录C 环控设备季检记录表 ………………………………………………(159)
附录D 环控设备年检记录表 ………………………………………………(161)

参考文献 …………………………………………………………………………(164)

技术篇

第1章 城市轨道交通通风空调系统概述

1.1 通风空调技术简介

通风是指为了改善生产和生活条件,采用自然或机械的方法,对某一空间进行换气,以形成安全、卫生空气的技术。它的主要功能有:提供人呼吸所需要的氧气,稀释室内污染物或气味,排除室内生产过程中产生的污染物,除去室内多余的热量(称余热)或湿量(称余湿),提供室内燃烧设备燃烧所需要的空气。

空气调节是使某一空间内的空气温度、湿度、洁净度和空气流动速度(俗称"四度")等参数达到给定要求的技术,简称空调。空调可以对建筑热湿环境、空气品质进行全面控制,包含了通风的部分功能。有些特殊场合还需要对空气的压力、气味、噪声等进行控制。

通风与空气调节技术是控制建筑热湿环境和室内空气品质的技术,同时也包括对系统本身所产生噪声的控制。通风与空气调节虽然都是对建筑环境的控制技术,但是它们所控制的对象和作用有所不同。

城市轨道交通线路是狭长的地下线路,除各出入口与大气相通外,基本上是与大气隔绝的。列车运行、设备运转和乘客等会散发出大量的热量,若不及时排除,车站内部的温度就会升高。同时,车站周围土中的温湿度通过围护结构的渗透量也较大,若不加以排除,也会使站内空气温湿度增大,这会使乘客无法忍受。

城市轨道交通通风空调系统是随着工程建设而不断发展的,从最初完全采用自然通风到后来设置机械通风,再发展到空调降温,基本上与地面建筑设备技术发展同步。国内城市轨道交通行业从1969年北京地铁一期工程的通风系统开始,经过上海、广州等城市的工程建设和运营,通风空调系统不断完善,并在工程实践中学习和借鉴了欧洲国家和美国的技术和经验。目前,城市轨道交通通风空调系统已经能够满足需求,技术比较成熟和可靠。

城市轨道交通通风空调系统是指对车站站厅、站台、隧道、设备及管理用房等所处的环境进行空气处理的系统,用以调节指定区域内的空气温度、湿度,并控制二氧化碳以及粉尘等有害物质的浓度,为乘客和工作人员创造一个舒适的环境,满足人体健康及相关设备正常运行的要求。

地下车站区域划分为公共区域、车站轨行区和区间轨行区。公共区为乘客所处的区域,包括站厅层(地下负一层)和站台层(地下负二层)。办公用房与设备用房多位于站厅层两端,如图1.1所示。车站轨行区指位于车站内(列车停靠)的隧道部分,通常用屏蔽门与站台区隔开,如图1.2所示。区间轨行区指两个车站之间的连通隧道,通常为上下行分开的双孔隧道。

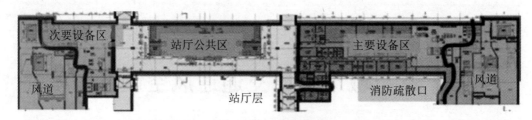

图1.1 站厅层布局图

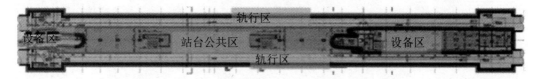

图1.2 站台层布局图

地下车站通风空调系统由车站通风空调及防排烟系统和隧道通风系统组成。其中车站通风空调及防排烟系统包括公共区通风空调及防排烟系统、设备及管理用房通风空调及防排烟系统和空调循环水系统,分别简称通风空调大系统、通风空调小系统和空调水系统。隧道通风系统包括区间隧道通风系统和车站隧道通风系统。地下车站通风空调系统组成如图1.3所示。

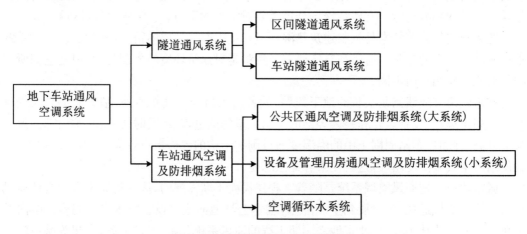

图1.3 地下车站通风空调系统组成

1.2 城市轨道交通通风空调系统类型和标准

1.2.1 城市轨道交通通风空调系统类型

根据城市轨道交通隧道通风换气的形式以及隧道与车站站台层的分割关系,城市轨道交通通风空调系统一般划分为三种,即开放式系统、闭式系统和屏蔽门系统。

1. 开放式系统

开放式系统的隧道内部与外界大气相通,采用活塞通风和机械通风,它利用活塞风井、车站出入口及两端洞口与室外空气相通进行通风换气。例如,北京市轨道交通 1 号线,如图 1.4 所示。

图 1.4 北京轨道交通 1 号线

2. 闭式系统

闭式系统的地铁内部基本上与外界大气隔断,仅供给满足乘客所需的新鲜空气量。车站一般采用空调系统,区间隧道的冷却是通过列车运行的"活塞效应"携带一部分车站空调冷风来实现的。例如,广州市轨道交通 1 号线、上海市轨道交通 2 号线(如图 1.5 所示)。

图 1.5 上海轨道交通 2 号线

3. 屏蔽门系统

在车站的站台与行车隧道间安装屏蔽门,将区间与车站分隔开,车站安装空调系统,区间隧道采用通风系统(机械通风或活塞通风,或两者兼用)。

安装屏蔽门后,车站成为单一的建筑物,它不受区间隧道行车时活塞风的影响。车站的空调冷负荷,只需计算车站本身设备、乘客、广告、照明等发热体的散热,及区间隧道与车站间通过屏蔽门的传热和屏蔽门开启时的对流换热。屏蔽门系统车站空调负荷仅为闭式系统的 22%~28%,且由于车站与行车隧道相隔,减少了运行噪声对车站的干扰,不仅使车站环境较安静、舒适,也使旅客更为安全。合肥市轨道交通1号线采用了屏蔽门系统,如图1.6所示。

图 1.6 合肥轨道交通 1 号线

由于屏蔽门系统的车站为独立的制冷、除湿区,因此具有安全、节能和美观等优点,也是将来新建城市轨道交通线路通风空调系统的发展趋势。

1.2.2 城市轨道交通通风空调系统设计标准

1. 基本要求

① 当列车正常运行时,应保证城市轨道交通内部空气环境质量在规定范围内。
② 当列车阻塞在区间隧道时,应能保证阻塞处的有效通风。
③ 当列车在区间隧道发生火灾事故时,应具备防灾排烟、通风功能。
④ 当车站发生火灾事故时,应具备防灾排烟、通风功能。

2. 城市轨道交通隧道、车站室内设计原则

① 列车车厢设置空调、车站设置屏蔽门时,城市轨道交通隧道夏季的最高温度不得高于40 ℃。
② 当地下车站采用空调系统时,站厅层的空气计算温度比空调室外计算干球温度低2~3 ℃,且不应超过30 ℃。
③ 站台层的空气计算温度比站厅层的空气计算温度低1~2 ℃。
④ 当采用空调系统时,每个乘客每小时需供应的新鲜空气量不应少于12.6 m^3,且系统的新风量不应少于总送风量的10%。
⑤ 地下车站管理用房及设备用房内,每个工作人员每小时需供应的新鲜空气量不应少于30 m^3,且新风不应少于总送风量的10%。
⑥ 站厅温度为30 ℃,站台温度为28 ℃,站厅、站台的相对湿度为59.5%~64%。管理及设备用房的温度为25~36 ℃,相对湿度为45%~65%。
⑦ 各车站公共区防烟分区划分面积控制在2000 m^2,公共区、设备区按同一时间只有一处发生火灾的设计标准设计。
⑧ 站台火灾时保证楼梯口形成向下不小于1.5 m/s风速的气流。

3. 对噪声控制的标准

① 城市轨道交通通风空调系统设备传至站厅、站台的噪声,不得超过 70 dB(A)。
② 车站管理用房及设备用房的通风空调,应有消声和减震措施。
③ 通风空调设备传至各房间内的噪声,不得超过 60 dB(A)。
④ 通风空调机房内的噪声,不得超过 90 dB(A)。

技 术 训 练

1. 简述城市轨道交通通风空调系统特点。
2. 简述城市轨道交通车站公共区和轨行区的区别。
3. 简述城市轨道交通车站通风空调系统组成。
4. 简述城市轨道交通通风空调系统三种制式的特点。

第 2 章　城市轨道交通通风系统

2.1　隧道通风系统

2.1.1　区间隧道通风系统组成

区间隧道通风系统(TVF)包括区间隧道活塞通风与机械通风、排烟系统,由活塞风道、排风道、正反转隧道通风机、组合风阀等构成。

1. 活塞通风

当列车的正面与隧道断面面积之比(称为阻塞比)大于 0.4 时,由于列车在隧道中高速行驶,如同活塞,使列车正面的空气受压,形成正压,列车后面的空气变薄,形成负压,由此产生空气流动。利用这种原理产生的通风,被称为活塞通风。

活塞风量的大小与列车在隧道内的阻塞比、列车行驶速度、列车行驶空气阻力系数、空气流进隧道的阻力等因素有关。

利用活塞风来冷却隧道,需要与外界有效交换空气,因此对于全部应用活塞风来冷却隧道的系统来说,应计算活塞风井的间距及风井断面的尺寸,使有效换气量达到实际要求。

实验证明,当风井间距小于 300 m、风道的长度在 25 m 以内、风道面积大于 10 m^2 时,有效换气量较大,在隧道顶上设风口效果更好。但由于设置许多活塞风井,对大多数城市来说都是很难实现的,因此全活塞通风系统只在早期城市轨道交通中有应用,现在建设的城市轨道交通多是活塞通风与机械通风的联合通风系统。

2. 机械通风

当活塞通风不能满足城市轨道交通除余热与余湿的换气要求时,要设置机械通风系统。

根据城市轨道交通系统的实际情况,可在车站与区间隧道分别设置独立的通风系统。

车站通风一般为横向的送排风系统,区间隧道一般为纵向的送排风系统。这些系统应同时具备排烟功能。区间隧道较长时,宜在区间隧道中部设中间风井。对于当地气温不高、运量不大的城市轨道交通系统,可设置车站与区间连在一起的纵向通风系统,一般在区间隧道中部设中间风井。

2.1.2 区间隧道通风系统的运行模式

1. 正常模式

① 早间运行：早间运行前，隧道风机进行纵向推挽式机械通风（相邻车站两端隧道风机一排一送），使隧道内充盈新鲜空气。

② 正常运行：隧道风机停止，打开旁通风阀，利用列车的活塞作用进行通风换气，排除隧道余热余湿。

③ 夜间运行：夜间收车后，隧道风机进行纵向推挽式机械通风，完毕后，打开所有风阀，隧道内充盈新鲜空气。

2. 阻塞模式

当列车故障或前方车站不允许进站时，隧道风机按行车方向通风，保障人员及列车空调器的安全。

3. 火灾事故模式

根据列车着火点（车头、中部或车尾）、停车位置等火灾情况，启动相应的火灾控制模式。

控制原则：隧道风机的风向应迎着逃生人群，尽量防止烟雾蔓延。

列车在区间隧道内着火时，应尽可能将列车驶至车站，让乘客撤离。此时由该车站两端的专用排烟风机排烟，并按站台着火的模式运行。一旦列车不能驶至车站，针对下列两种情况时，要采取不同的运行方式。

（1）列车头部着火

列车头部着火时，列车因故停留在单线区间隧道内时，乘客不可能从列车的侧向撤出，只能由尾部安全门进入隧道向出站方向的车站撤离。此时由列车进站方向的隧道风机排烟，由出站方向的隧道风机送风引导乘客迎着新风撤离。

（2）列车尾部着火

列车尾部着火时，乘客的撤离方向与排烟的运行模式恰好与列车头部着火时相反。

2.2 车站通风空调及防排烟系统

车站通风空调及防排烟系统，由公共区通风空调及防排烟系统、设备及管理用房通风空调及防排烟系统和空调循环水系统组成，这三者分别简称通风空调大系统（全空气中央空调系统）、通风空调小系统和空调水系统。

2.2.1 空调大系统、小系统

通风空调大系统采用一次回风定风量空调系统，由风亭、组合式空调机组、新风机、回排风机、电动风阀、防火阀、风道、消声器等组成,主要作用是调节站厅、站台的通风,发生火灾时排除烟气。

通风空调小系统由空调箱、送/排风机、各类风阀、防火阀及管道等组成,对设备机房、管理用房进行通风和空气调节,发生火灾时排除烟气。

通风空调大、小系统运行原理:新风从送新风亭引入车站,经过新风机加压后送入组合式空调机组或空调柜中进行热湿处理后,通过送风管道送入站厅、站台公共区和设备区各设备管理用房;回风经回排风机、回排风管,一部分由排风井排至室外,一部分进入混风室与新风会合后送入组合式空调机组或空调柜内,进行处理再利用。车站发生火灾时,送风系统停止,排烟风机将烟气经排烟风管(与回排风共用管道)排至站外。

2.2.2 车站通风空调系统的运行模式

1. 小新风运行模式

室外新风焓值大于回风混合点焓值时,采用空调小新风运行模式。小新风运行模式特点:降温除湿,保证最小新风量,部分回风循环,实现减耗。

2. 全新风运行模式

当室外新风焓值小于回风混合点焓值,且干球温度大于空调送风点温度时,采用空调全新风模式运行。全新风运行模式特点:降温除湿,全新风,无回风循环。

3. 全通风运行模式

当室外新风温度小于空调送风点温度时,系统转入全通风模式运行。全通风运行模式特点:全新风通风,冷水系统停止。

2.2.3 车站防排烟系统的运行模式

防排烟大系统由风亭、排烟风机、防火阀、风道等组成,主要作用是在公共区发生火灾时排除烟气,以保证乘客安全疏散。

防排烟小系统由排烟风机、加压送风机、防火阀及管道等部件组成,主要作用是在发生火灾时通过设备机房、管理用房进行防排烟。

1. 站厅发生火灾运行模式

停止车站空调水系统,关闭站厅、站台送风及站台回风管路上的防火阀,开启车站两端排烟风机管路上的防火阀,开启排烟风机排除站厅层烟雾,新风从各入口自然补入,人员逆风疏散。

2. 站台发生火灾运行模式

关闭站台送风防火阀及站厅回风防火阀,开启排烟风机排除站台层烟雾,同时开启站台屏蔽门两端各一扇滑动门,开启排热风机辅助排烟,保证楼梯口 1.5 m/s 的风速,人员逆风疏散。

3. 一般设备管理用房发生火灾运行模式

车站空调水系统和通风空调大系统立即停止,通风空调小系统转入到设定的火灾模式运行,启动发生火灾那端的内走道排烟及车控室、楼梯间的加压送风系统。

4. 气体灭火房间发生火灾运行模式

关闭着火房间相应的防烟防火阀,喷洒灭火气体进行灭火。灭火完成后,防烟防火阀电动复位,进行直流式通风运行,排除火灾后房间的残余的灭火气体。

2.3 隧道通风设备

2.3.1 隧道风机

1. 隧道风机的主要用途

隧道风机(如图2.1所示)均为可逆转式的轴流式风机,用于早、晚时段及列车堵塞、火灾时的通风和排烟,根据运行模式的要求为隧道排风或向隧道内送风。

图2.1 隧道风机

2. 隧道风机的性能

隧道风机整体正反转应具有基本相同的性能,正反风的性能偏差不大于3%,在规定时间内能完成从正转到反转(正转额定转速—关—反转启动—反转额定转速)的切换,设计使用年限不少于20年,第一次大修前的安全运转时间应超过30000 h。

3. 风机的组成

① 风机外壳:风机机壳采用Q235A普通优质钢板焊接而成,进行热镀锌处理,热镀锌平均厚度不低于75 μm。

② 风机导叶:静态安装,并应保证最大的效能和最小的体积。

③ 风机的安装支架:在确保风机整机强度的前提下,使其达到重量轻和安装方便的要求。

④ 减震器:风机底座采用阻尼复合弹簧减震器,减震器所配套的螺栓、螺母、垫圈均采用优质不锈钢制作,可确保减震效率大于96%。将减震器就地安装于基础上,其接触面要求平整干净,确保运行中平衡精度达到要求。

郑州市轨道交通1号线采用90 kW、110 kW级隧道风机,2号线隧道风机采用90 kW级隧道风机,设备性能和维护保养方式区别不大,均采用软启动。由于风机设置在地下机房内,要求风机结构紧凑,且风机整体设计考虑了风机的拆卸维修。郑州市轨道交通隧道风机均采用电机与叶轮直联传动,风机无前后导叶、扩压装置和整流罩,缩短了轴向尺寸,只由主体风筒、叶轮(含叶轮和轮毂)、电机、底座等组成。风机整体采用螺栓紧固,结构简单紧凑,拆卸、安装维修方便,运行可靠,连接风机的软接管、基础固定螺栓均可灵活拆卸。

2.3.2 射流风机

1. 射流风机的主要用途

射流风机(如图2.2所示)一般设置在区间隧道顶部或侧壁,用于调节区间内某一段压力、通风量及排烟。

图2.2 射流风机

2. 射流风机的性能

双向射流风机整机正反转具有完全相同的性能,能在规定时间内从启动达到额定转速,按要求完成从正转到反转(正转启动—正转额定转速—关—反转启动—反转额定转速)的切换,在250 ℃时能连续有效工作10 h。

3. 射流风机的组成

① 消声器:消声风筒的配置长度一般为射流风机直径的2倍。

② 叶轮:叶片可以实现静止角度调节,叶片采用高强度铝合金材料钢模压力铸造,与轮毂通过螺栓连接。

③ 机壳:机壳进行热镀锌处理,热镀锌层平均厚度不低于75 μm。

④ 电机:电机为风冷鼠笼式、全封闭式湿热型的标准产品,采用全压启动,IP55防护级,绝缘等级为H级,配备内置温度感应器。

郑州市轨道交通1、2号线均采用22 kW级射流风机,设置在地下区间内。风机结构紧凑,采用电机与叶轮直联传动,风机无前后导叶,缩短了轴向尺寸,只由风筒、叶轮(含叶轮和轮毂)、2D消声器、电机、底座等组成,且整体考虑了风机的拆卸维修,连接风机的软接管、基础固定螺栓均可灵活拆卸。

2.3.3 组合风阀

1. 组合风阀的主要用途

组合风阀用于区间隧道通风系统、车站隧道通风系统,调节送风或者排风量。组合风阀如图 2.3 所示。

2. 组合风阀组成

组合风阀由底框、单体风阀、传动机构、执行器等组成。

3. 电机执行机构特点

组合风阀的电动执行机构具有远距离电动控制和现场手动控制功能、延时报警功能,设置有机械和电气两种限位装置和接线盒。

郑州市轨道交通 1、2 号线的组合风阀所有部件外表面涂有防火涂料,要求其在 280 ℃条件下可连续有效工作 1 h;站内隧道通风系统耐高温风阀及其电动执行机构(包括润滑油脂)在 280 ℃温度下可持续运行大于 1 h。接线盒防护等级应不低于 IP54。

2.3.4 站外风亭

站外风亭一般有高风亭和低矮风亭两种形式。标准车站有双活塞风亭、排风亭和新风亭。站外风亭是地下车站换气的主要途径,如图 2.4 所示。

图 2.3 组合风阀

图 2.4 站外风亭

2.4 车站通风设备

2.4.1 排热风机

1. 排热风机主要用途

排热风机为单向轴流风机,设于车站两端,主要用于排除列车停站时产生的热量及辅助排烟。

2. 排热风机性能

排热风机性能与隧道风机基本相同,主要构成与隧道风机也基本相同。

郑州市轨道交通1号线采用55 kW以上级排热风机,2号线统一采用37 kW级排热风机,均为变频启动。电机采用ABB自动润滑模式,选用高温润滑脂润滑;轴承选用NSK品牌产品。轴承更换周期应大于75000 h,第一次维护在累计运行时间超过10000 h后进行。

2.4.2 消声器

消声器是允许气流通过,同时又使气流中的噪声得到有效降低的消声设备。地铁的噪声除列车的运行噪声外,主要是地铁通风空调设备运行所产生的噪声。地铁通风空调系统中所使用的风机以轴流风机为主,其特点是风量大、再生噪声大、自然衰减小,噪声频带较宽,一般在63~8000 Hz范围内均有较高的噪声值。因此,在消声设备的选择上要有针对性和适用性,才能保证对地铁噪声进行有效控制。所以要求在所需要的消声频率范围内有足够大的消声量,消声器要阻力小、体积小、加工简单、使用寿命长。

目前地铁使用较多的为阻性消声器,其工作原理是利用声波在敷设于气流通道内多孔性吸声材料中传播,利用摩擦将声能转化为热能而散发掉,使沿管道传播的噪声随距离而衰减,从而达到消声、降低噪声的目的。地铁通风空调系统通常选用的是金属外壳片式消声器和结构片式消声器,如图2.5和图2.6所示。金属外壳片式消声器多安装于通风机进出口两端,直接与风机前后管相连接;结构片式消声器多安装于进、排风土建结构风道内以及活塞风道、风井内。

郑州市轨道交通片式消声器的吸声片与结构片之间采用可拆卸和可重新装配的紧固件装配方式,消声片内部骨架采用角钢制成500 mm×500 mm大小的单元格,采用超细玻璃棉压实填充,并且采用平铺玻璃布及孔板的护面形式,长期运行不会出现吸声材料沉降的现象,框架及构建采用热镀锌进行防腐处理。经过两年的使用时间后,郑州市轨道交通1号线部分消声器存在导流尖脱落、结构片固定松动等问题,因此结构片消声器不具备免维护性,在日常维护时不应忽视对片式消声器的保养。

图 2.5 金属外壳片式消声器

图 2.6 结构片式消声器

2.4.3 车站主要通风空调设备

1. 空气处理器

(1) 空气处理器的作用

它将室内的回风和室外新风进行混合后,通过集中的空气处理装置(组合式空调机组、空调箱等)进行降温、除湿处理,再通过上风道和各个支管风道送入公共区或设备管理房间,以保证末端用户对温度、湿度、洁净度及气流速度的要求。

(2) 空气处理器的组成

空气处理器包括组合式空调机组、空调柜(立式、卧式、吊顶)、风机盘管等。下面介绍相对复杂的组合式空调机组的构造及其功能段。

组合式空调机组是由各种空气处理功能段组装而成的不带冷、热源的空气处理设备,这种机组应用于风管阻力大于或等于 100 Pa 的空调系统。组合式空调机组如图 2.7 所示。

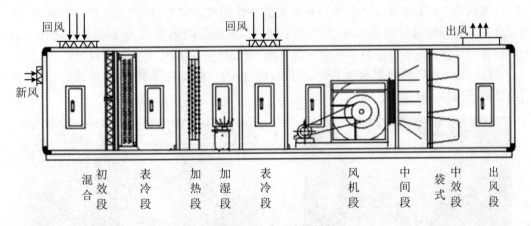

图 2.7 组合式空调机组

组合式空调机组的功能段是对空气进行一种或几种空气处理的单元体。机组的功能段包括空气混合、均流、过滤、除尘、冷却、送风、消声等功能。

风机段由电机、离心风机、皮带、减震器、压力腔、软连接、支架等组成。叶轮旋转产生的离心力使空气获得动能,然后经蜗壳和蜗壳出口扩散段,将部分动能转化为静压,这样,风机出口的空气就是具有定静压的空气流。

初效过滤段主要用于空调系统的新风过滤,截留大气中的大粒径微粒,过滤对象是粒径在 5 μm 以上的悬浮性微粒和粒径在 10 μm 以上的沉降性微粒以及各种异物,防止其进入通风空调系统。初效过滤段一般设置在送风系统的负压段,以保护空调箱内其他配件,并延长它们的使用寿命。

表冷段采用紫铜管穿铝翅片构成的冷水盘管,换热效率高,有二排、四排、六排或八排管排的表冷盘管。12.7 mm 优质紫铜管,壁厚合理,在确保换热性能的前提下能提高防腐性能。

盘管工作压力为 1.2 MPa,设计压力为 1.6 MPa,试验压力为工作压力的 1.5 倍,可确保盘管耐压密封性能。

2. 风机(用于大、小系统)

车站大、小系统风机,均采用轴流式风机(如图 2.8 所示),空气从轴向流入,轴向流出。它在地下工程施工通风中得到了广泛应用。

图 2.8 轴流式风机

(1)轴流式风机的基本组成

轴流式风机由集风器、叶轮、电机、导叶和风筒四部分组成。集风器的作用是减少入口气流的阻力损失,使空气获得一定的速度和风压。导叶的作用是通过扭转从叶轮流出的旋转气流,使一部分偏转气流的动能转化为静压能,同时可减少因气流旋转而引起的阻力损失。

(2)轴流式风机的原理

轴流式风机叶片的旋转使空气受到冲击力,从而使空气获得一定的速度和风压,并将部分动能转变为静压能,从而使风机出口具有一定的风速和风压。

3. 风管(用于通风空调大、小系统)

彩钢风管是以彩钢复合夹芯板为板材加工制作而成的风管,如图 2.9 所示。其中,彩钢复合夹芯板以保温材料为芯材,其一面是复合抑菌涂层的铝箔,另一面是复合各种色彩的彩钢板。复合夹芯板保温材料通常有聚氨酯、酚醛树脂或 XPS 挤塑板等材质。

镀锌钢板风管以镀锌钢板为主要原材料,经过咬口、机械加工成形,是传统的通风、空调用管道,如图 2.10 所示。

图 2.9 彩钢风管

图 2.10 镀锌钢板风管

4. 各类风口（用于通风空调大、小系统）

风口是用于送风和回风的空气分配设备。送风口将制冷或者加热后的空气送到室内，而回风口则将室内污浊的空气吸回，形成空气循环，在保证制冷采暖效果的同时，也保证了室内空气的舒适度。

5. 多联变频空调系统

多联变频空调系统，通常用于地上车站通风空调小系统以及某些重要电气设备房，如通信设备机房内。

多联变频空调系统是"变频一拖多变冷媒流量中央空调系统"的简称，由一台室外机和若干台室内机组成一个冷媒循环系统，是变制冷剂流量空调系统的一种形式，是一种制冷剂式空调系统，它以制冷剂为输送介质，如图2.11所示。

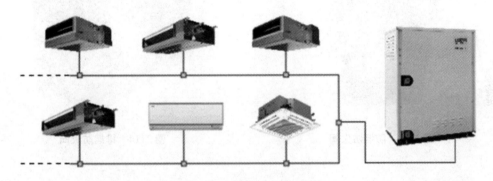

图2.11 多联变频空调系统

（1）工作原理

多联变频空调系统由控制系统采集室内舒适性参数、室外环境参数和制冷系统运行状况的状态参数，根据系统运行优化和人体舒适性准则，通过变频等手段调节压缩机输气量，并控制空调系统的风扇、膨胀阀等可控部件，以保证室内环境的舒适性，并使空调系统在最佳工作状态下稳定工作。

（2）系统特点

多联变频空调系统具有节能、舒适、运转平稳等优点，而且各区域可独立调节，能满足不同区域不同空调负荷的需求。但该系统控制复杂，对管材材质、制造工艺、现场焊接等方面要求非常高，且其投资比较高。

2.4.4 车站主要防排烟设备

1. 排烟风机

排烟风机构造同用于通风空调大、小系统的风机，如图2.12所示。

图2.12 排烟风机

2. 防火阀

（1）防烟防火阀

防烟防火阀安装在通风空调系统的送、回风管路上，平时呈开启状态，火灾发生时当管道内气体温度达到 70 ℃时,易熔片熔断,阀门在扭簧力作用下自动关闭,在一定时间内能满足耐火稳定性和耐火完整性要求,起隔烟阻火作用。阀门关闭时,输出关闭信号。防烟防火阀如图 2.13 所示。

（2）排烟防火阀

排烟防火阀安装在排烟系统管路上,平时一般呈关闭状态,火灾发生时通过手动或电动开启,起排烟作用。当排烟管道内烟气温度达到 280 ℃时,排烟防火阀关闭,在一段时间内可满足耐火稳定性和耐火完整性要求,起排烟防火要求。排烟防火阀如图 2.14 所示。

图 2.13　防烟防火阀

图 2.14　排烟防火阀

技 术 训 练

1. 简述活塞通风和机械通风的区别。
2. 简述区间隧道通风系统的运行模式的种类及其特点。
3. 简述车站通风空调系统的运行模式的种类及其特点。
4. 简述射流风机组成及功能。
5. 简述组合式空调的组成及功能。

第 3 章 城市轨道交通空调系统

3.1 空调系统原理

3.1.1 空调制冷循环

城市轨道交通车站空调系统是调节车站温度、湿度、洁净度的重要车站系统。城市轨道交通车站空调系统主要为车站公共区和设备区提供温度调节,车站管理人员可根据季节变动进行控制,保证车站内部环境满足城市轨道交通车站环境要求。

城市轨道交通车站空调系统中制冷循环是最常用的功能。制冷循环可分为压缩式制冷循环、吸收式制冷循环、吸附式制冷循环、蒸汽喷射制冷循环及半导体制冷循环等。其中压缩式制冷循环又可分为空气压缩式制冷循环和蒸气压缩式制冷循环。在城市轨道交通中运用较普遍的为蒸气压缩式制冷循环。本书主要讨论蒸气式空调系统的运行原理。蒸气压缩式制冷循环主要包括四个过程,分别为压缩过程、冷凝过程、膨胀过程和蒸发过程。制冷循环过程如图 3.1 所示。

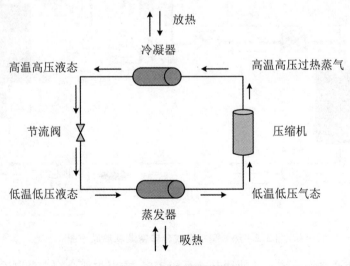

图 3.1 制冷循环过程图

实现制冷循环需要具备四类基本部件,分别为压缩机、冷凝器、节流结构和蒸发器,分别对应于制冷循环的四个过程。

① 压缩过程:来自蒸发器的低温低压制冷剂蒸气被压缩机吸入,经过压缩机后被压缩

成高温高压过热制冷剂蒸气。在压缩过程中,制冷剂温度和压力不断升高,蒸发压力上升到冷凝压力,此过程也称作绝热压缩。

② 冷凝过程:由压缩机出来的高温高压制冷剂蒸气进入冷凝器,在压力不变的情况下,经过空气或水等冷却介质放出热量,放出热量的制冷剂由过热蒸气冷却成饱和蒸气,饱和蒸气在等温条件下,继续放出热量而冷凝成高温高压饱和液态制冷剂,这个过程也称作定压放热过程。

③ 膨胀过程:饱和液态制冷剂从冷凝器流过节流部件,由于从冷凝器出来的制冷剂冷凝温度与冷凝压力都高于流入蒸发器的蒸发温度与蒸发压力,压力差推动制冷剂在节流部件中克服阻力运动,冷凝压力下降的同时温度也下降,流出节流装置的制冷剂变为低温低压的液态制冷剂,此过程也称作绝热膨胀过程。

④ 蒸发过程:流入蒸发器的低温低压制冷剂从被冷却的对象中吸热汽化,实现制冷。汽化后的低温低压制冷剂蒸气再次被压缩机吸收,如此反复,就实现了持续制冷目的。

3.1.2 空调制热循环

现代空调系统不仅可以制冷,也可以制热。空调制热循环与制冷循环中制冷剂流向相反。通过四通换向阀,压缩机中被压缩后的高温高压制冷剂蒸气直接流入蒸发器释放热量,制冷剂自身降温后流出,经过节流装置和冷凝器后流回压缩机,形成制热循环。图3.2所示为热泵型挂壁式分体空调制热原理图。

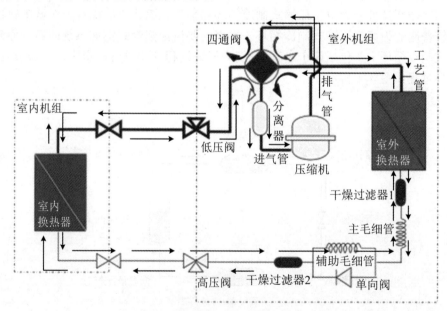

图3.2 热泵型挂壁式分体空调制热原理图

城市轨道交通空调系统一般使用制冷系统较多,本书主要介绍空调制冷系统。

3.2 制冷剂、载冷剂和润滑油

3.2.1 制冷剂

制冷剂是在制冷系统中循环流动的工作物质,简称工质,用 Refrigerant(制冷)的第一个字母 R 表示。其工作原理是制冷剂在冷凝器中向外界空气或水散发热量,在蒸发器中吸收热量而蒸发,空调系统通过制冷剂的状态变化达到制冷目的。

1. 制冷剂分类

按制冷剂组成成分可将其分为单一制冷剂、混合物制冷剂;按制冷剂化学成分可将其分为无机化合物类、氟利昂类、碳氢化合物类等;按制冷剂蒸发温度可将其分为高温低压制冷剂(沸点>0 ℃,冷凝压力<0.2 MPa)、中温中压制冷剂(-60 ℃<沸点<0 ℃,0.2 MPa<冷凝压力<2.0 MPa)、低温高压制冷剂(沸点<-60 ℃,冷凝压力>2 MPa)。

2. 制冷剂命名规则

(1) 无机化合物类制冷剂

常用的无机化合物类制冷剂有氨、水、二氧化碳等,其代号用 R7×× 表示。其中 7 表示无机化合物。如氨(NH_3)的代号为 R717,水的代号为 R718,空气代号为 R729。它们是较早采用的天然制冷剂。

(2) 氟利昂制冷剂

氟利昂是饱和碳氢化合物的卤族元素衍生物的总称,其分子式一般为 $C_m H_n F_x Cl_y Br_z$。这是氟利昂的分子式通式,且有 $n+x+y+z=2m+2$。氟利昂的代号为 $R(m-1)(n+1)(x)B(z)$,如果 $z=0$,则 B 可以省略。如二氟一氯甲烷(分子式为 CHF_2Cl),$m-1=0$,$n+1=2$,$x=2$,$z=0$,所以其代号为 R22;二氟二氯甲烷(分子式为 CF_2Cl_2),其代号为 R12。

(3) 饱和碳氢化合物

饱和碳氢化合物的命名规则与氟利昂基本相同,如甲烷(CH_4)的代号为 R50,乙烷(CH_3CH_3)的代号为 R170,丙烷($CH_2CH_2CH_3$)的代号为 R290。但是需要注意的是丁烷与上述规则不同,丁烷($CH_3CH_2CH_2CH_3$)的代号为 R600。如果是同素异构体,则需要在代号后面加上"a",如异丁烷($CH(CH_3)_3$)的代号为 R600a。

(4) 环状化合物

环状化合物的命名是在 R 后先加字母 C,然后按氟利昂的编号规则进行编号,如六氟二氯环丁烷的代号为 RC316。

(5) 非饱和碳氢化合物及其卤族元素衍生物

这类制冷剂的命名是在 R 后先加上"1",然后按照氟利昂的编号规则进行编号,例如,乙烯的代号为 R1150、丙烯的代号为 R1270 等。

(6) 共沸制冷剂

它由两种以上的单组分制冷剂组成,在常温下按一定比例混合而成。它的命名规则是以 R500 往后顺序编号,例如:R501 是 R22 和 R12 按质量比 75/25 混合,R502 是 R22 和 R115 按质量比 48.8/51.2 混合。共沸制冷剂的组成和沸点如表 3.1 所示。

表 3.1 共沸制冷剂的组成和沸点表

代号	组分	质量成分	分子量	沸点(℃)	各组分的沸点(℃)
R500	R12/R152a	73.8/26.2	99.3	−33.5	−29.8/−25.0
R501	R22/R12	84.5/15.5	93.1	−41.5	−40.8/−29.8
R502	R22/R115	48.8/51.2	111.6	−45.4	−40.8/−38.0
R503	R23/R13	40.1/59.9	87.6	−88.0	−82.2/−81.5
R504	R32/R115	48.2/51.8	79.2	−59.2	−51.2/−38.0
R505	R12/R31	78.0/22.0	103.5	−30.0	−29.8/−9.8
R506	R31/R114	55.1/44.9	93.7	−12.5	−9.8/3.5
R507	R125/R143a	50.0/50.0	98.9	−46.7	−48.8/−47.7

(7) 非共沸制冷剂

非共沸制冷剂由两种以上沸点相差较大的、相互不形成共沸的单组分制冷剂溶液组成。其溶液在加热时,在相同蒸发压力下,易挥发的蒸发比例大,难挥发的蒸发比例小。在整个蒸发过程中温度在变化,所以相变过程是不等温的。这样能使制冷循环获得更低蒸发温度,可增大制冷量。该制冷剂编号只留出 R 后面的 400 编号顺序,供增补编号使用,如 R407C 由 R32/R125/ R134a 组成,R410a 由 R32/R125 组成。

(8) 有机化合物类制冷剂

有机化合物类制冷剂主要指有机氧化物、有机硫化物、有机氮化物。它的命名规则是以 R600 往后顺序编号,6 后面的 1 代表氧化物、2 代表硫化物、3 代表氮化物。如:乙醚 ($C_2H_5OC_2H_5$)代号为 R610;甲胺(CH_3NH_2)代号为 R630。

3. 制冷剂选用原则

(1) 环境影响原则

研究证实 R11、R12、R13 等氯氟烃化合物(CFCs)制冷剂,泄漏或排放后扩散到地球的平流层中,会破坏臭氧层;另一方面,氯氟烃化合物的排放会加剧地球的温室效应。通常用臭氧衰减指数 ODP(Ozone Depletion Potential)和温室指数 GWP(Global Warming Potential)来表示制冷剂对环境的影响。ODP 表示的是物质散逸到大气中对臭氧的潜在影响程度;GWP 是基于充分混合的温室气体辐射特性的一个指数,用于衡量相对于二氧化碳的、在所选定时间内当前大气中某给定的充分混合的温室气体单位质量的辐射强度。

通常以 R11 的 ODP 和 GWP 值为基准,在此基准下目前通常认为 ODP≤0.05,GWP≤750 的制冷剂是可以接受的。表 3.2 为不同制冷剂的 ODP 和 GWP 值。

表 3.2 一些制冷剂的 ODP 值和 GWP 值表

制冷剂代号	GWP ($CO_2 = 1.0$)	臭氧消耗 ODP	制冷剂代号	GWP ($CO_2 = 1.0$)	臭氧消耗 ODP	制冷剂代号	GWP ($CO_2 = 1.0$)	臭氧消耗 ODP
R11	3500	1	R124	350	0.022	R290	0	0
R12	7100	1	R125	2940	0	R407c	1700	0
R22	1600	0.055	R23	12000	0	R502	9300	0.23
R134a	1200	0	R142b	1470	0.065	R600a	0	0
R32	650	0	R143a	2660	0	R717	0	0
R123	70	0.02	R152a	105	0	R410a	1975	0

(2) 热力学影响原则

① 温度要求两低一高：制冷剂的沸点要低，以获得较低的蒸发温度；凝固点要低，以保证在较广的温度范围内安全工作；临界温度要高，以便在常温条件内能够冷凝液化。

② 压力要求适中：在低温下工作，蒸发压力最好不要低于大气压力，以防止外部的空气或水分渗入系统内；在常温下，冷凝压力不宜过高，以避免多消耗压缩功及使设备笨重，可降低对设备的强度要求和成本，减少渗漏的可能性和密封的困难；冷凝压力与蒸发压力比(P_k/P_0)及压力差($P_k - P_0$)不要太大，避免压缩终温过高和压缩输气系数减低。

③ 单位容积制冷量尽可能大，以减小制冷剂的循环量，缩小压缩机的尺寸，降低能耗，提高效率。

④ 绝热指数小，可使压缩过程功耗减少，压缩终温不高。

(3) 物理、化学方面原则

① 黏度和密度应小，以减少制冷剂在系统中流动时的阻力损耗。

② 较高的导热系数和放热系数，可以提高热变换器(蒸发器和冷凝器)的工作效率，减小热交换器的尺寸，提高传热效率。

③ 热化学稳定性好，在高温条件下不易分解，对金属无腐蚀性，对密封材料膨润作用尽可能小。

④ 制冷剂纯度要高，没有不溶性杂质、污物、不凝性气体，具有一定吸水性，以避免系统中残存微量水分，导致冰堵。

⑤ 与润滑油有良好互溶性，有利低温装置。对机器缝隙的渗透能力低，且发生渗漏时易查出。

(4) 其他方面原则

① 对人的生命和健康不应有危害性，即不应有毒性、窒息性及刺激性作用，与食物也不应有反应。

② 在工作温度范围内不燃烧、不爆炸，避免使用易燃易爆制冷剂，必须使用时一定要有防火防爆安全措施。

③ 原料来源广，价格低廉，制造工艺简单，容易获得。

4. 常用的制冷剂

(1) 氨(NH_3)

氨(代号 R717)是目前使用最为广泛的一种中压中温制冷剂。氨有很好的吸水性,即使在低温下水也不会从氨液中析出而冻结,故系统内不会发生冰堵现象。氨对钢铁无腐蚀作用,但氨液中含有水分后,对铜及铜合金有腐蚀作用,且使蒸发温度稍许提高。因此,氨制冷装置中不能使用铜及铜合金材料,并规定氨中含水量不应超过 0.2%。氨的比重和黏度小,放热系数高,价格便宜,易于获得。但是,氨有较强的毒性和可燃性。当空气中氨的含量达到 0.5%~0.6%时,人在其中停留半个小时即可中毒,达到 11%~13%时即可点燃,达到 16%时遇明火就会爆炸。在使用氨作为制冷剂时,需具有良好的通风条件,不允许使用明火。

(2) 二氟二氯甲烷(CCl_2F_2)

二氟二氯甲烷(代号 R12)是我国中小型制冷装置中使用较为广泛的中压中温制冷剂。R12 是一种无色、透明、没有气味,几乎无毒性、不燃烧、不爆炸,很安全的制冷剂。只有在空气中容积浓度超过 80%时才会使人窒息。与明火接触或温度达 400 ℃以上时,则分解出对人体有害的光气。R12 对一般金属不腐蚀,但能腐蚀镁及含镁超过 2%的铝镁合金。

(3) 二氟一氯甲烷($CHClF_2$)

二氟一氯甲烷(代号 R22)的许多性质与 R12 相似,但化学稳定性不如 R12,毒性也比 R12 稍大。但是,R22 的单位容积制冷量却比 R12 大得多,接近于氨。R22 仍属于不溶于水的物质,系统中含水量超标则有可能引起冰堵和镀铜现象。R22 对臭氧层有一定破坏作用,我国将在 2030 年全面禁用。

(4) 四氟乙烷(CH_2FCF_3)

四氟乙烷(代号 R134a)作为 R12 的替代制冷剂,它的许多特性与 R12 很相像。R134a 的毒性非常低,在空气中不可燃,安全类别为 A1,是很安全的制冷剂。R134a 的化学稳定性很好,然而由于它的溶水性比 R22 高,所以对制冷系统不利,即使有少量水分存在,在润滑油等的作用下也会产生酸、二氧化碳或一氧化碳,将对金属产生腐蚀作用,或产生镀铜作用,所以 R134a 对系统的干燥和清洁要求更高。R134a 对铁、铜、铝等金属未发现有化学反应的现象,仅对锌有轻微的作用。R134a 是目前国际公认的替代 R12 的主要制冷剂之一,常用于汽车空调、商业和工业用制冷系统,以及作为发泡剂用于硬塑料保温材料生产,也可以用来配置其他混合制冷剂。

(5) 异丁烷($CH(CH_3)_3$)

异丁烷(代号 R600a)是一种性能优异的新型碳氢制冷剂,取自天然成分,不损坏臭氧层,无温室效应,绿色环保。其特点是蒸发潜热大,冷却能力强,流动性能好,输送压力低,耗电量低,负载温度回升速度慢,与各种压缩机润滑油兼容。R600a 是无色气体,比空气重,很容易聚积,微溶于水,性能稳定。它与空气结合能形成爆炸性混合物,爆炸极限为 1.9%~8.4%(体积比),当达到或高于此比例时,如遇明火即刻会发生爆炸。

(6) R32 和 R125 混合物

R32 和 R125(代号 R410a)是一种新型环保制冷剂,不含氯元素,不破坏臭氧层,工作压力为普通 R22 的 1.6 倍左右,制冷(暖)效率更高。R410a 由两种准共沸的混合物组成,具有稳定、无毒、性能优越等特点。另外采用新冷媒的空调在性能方面也有一定的提高。

R410a 是目前为止国际公认的用来替代 R22 最合适的制冷剂。

(7) 水

水(代号 R718)是理想的制冷剂。水作为制冷剂的优点是无毒、无味,不会燃烧和爆炸,价格低廉。但水蒸气的比容大,单位容积制冷量小,且凝固点高,不能取得较低的温度,只适用于蒸发温度 0 ℃以上的情况,因此使用受限。所以,水作为制冷剂常用于蒸汽喷射制冷机和溴化锂吸收式制冷机中。

3.2.2 载冷剂

载冷剂就是冷量的载体,俗称冷媒。载冷剂先在蒸发器与制冷剂发生热交换获得冷量,然后用泵将被冷却了的载冷剂泵送到各个用冷场所。在用冷场所的冷却设备内,载冷剂吸收被冷却对象的热量使其降温,载冷剂自身温度升高后再返回蒸发器将热量传送给制冷剂。这样周而复始,载冷剂将制冷循环中供冷量的蒸发器与用冷量的用户连接起来,起到了在用冷者和产冷者之间传递冷量的作用。

1. 载冷剂优点

① 可以将制冷系统集中在机房或者一个很小的范围内,使制冷系统的管道和接头数量大大减少,便于密封和系统检漏。

② 使制冷剂的充注量大大减少。

③ 在大容量集中供冷装置中采用载冷剂,可解决冷量的控制和分配问题,便于机组的运行管理。

④ 便于安装,生产厂可以直接将制冷系统安装好,用户只需要在现场安装好载冷剂系统。

2. 载冷剂选用原则

① 在使用温度范围内呈液态,不凝固、不汽化,利于输送。

② 比热容要大,以减少载冷剂流量、管道的直径和泵的尺寸及消耗功率。

③ 无毒、无臭,不燃烧,不爆炸,化学稳定性好,不污染环境,不腐蚀金属,可延长系统的使用寿命。

④ 密度小,黏度小,可减少流动阻力,减小循环泵消耗功率。

⑤ 热导率大,可减少换热设备的传热面积。

⑥ 来源广泛,价格低廉。

3. 常用载冷剂

常用载冷剂有水、盐水、有机液体载冷剂、有机溶液载冷剂。

① 水是工作温度大于 0 ℃的载冷剂。水的比热容较大,对流传热性能好,价格低廉,在空调系统中被广泛使用。

② 盐水是工作温度低于 0 ℃的载冷剂,常用的盐水是由氯化钙和氯化钠配制成的水溶液。盐水溶液对金属有腐蚀性,尤其是带酸性并与空气相接触的盐水溶液,其腐蚀性更强。为了降低盐水腐蚀性,可在盐水中加入一定量的重铬酸钠和氢氧化钠作为缓冲剂。

③ 有机液体载冷剂是指甲醇、乙醇、二氯甲烷、三氯乙烯和其他氟利昂液体。此类液

体作为载冷剂,其冰点在0℃以下,且比重大、黏性小、比热容小。

④ 有机溶液载冷剂主要是指乙二醇、丙二醇水溶液。它们是无色、无味、非电解性溶液,冰点在0℃以下,对金属管道、容器无腐蚀作用。

3.2.3 润滑油

在制冷压缩机内用于各运动部件润滑的油,被称作冷冻油,又称作润滑油。

1. 润滑油的作用

(1) 润滑作用

润滑相互摩擦的零件表面,使摩擦表面完全被油膜分隔开来,从而降低压缩机的摩擦功、摩擦热和零件的磨损。

(2) 冷却降温作用

带走摩擦热量,使摩擦零件的温度保持在允许的范围内。

(3) 密封作用

使活塞环和气缸壁之间的间隙、轴封摩擦面等密封部分充满润滑油,以阻挡制冷剂的泄漏。

(4) 防锈和清洁作用

润滑油流经各种摩擦面和间隙时,能带走金属摩擦表面的磨屑、润滑油碳化产生的杂质及污垢,起防锈和清洁作用。

(5) 传递动力作用

利用油压作为控制卸载机构的液压动力。

(6) 消声作用

润滑油能有效地阻挡声音的传递,降低压缩机的机械噪声和气流噪声。

2. 润滑油基本要求

(1) 凝固点要低

在实验条件下冷却到停止流动的温度,称为凝固点。如果凝固点高,则润滑油的低温流动性差,在节流机构、蒸发器等处低温流动能力降低,容易形成沉积,影响制冷系统的润滑和运行,导致制冷量下降,运动部件磨损严重,甚至损坏压缩机。

(2) 要有适当的黏度

黏度是润滑油的一个主要性能指标,不同的制冷剂要求使用不同黏度的润滑油。如果黏度太小,不易形成油膜或油膜强度太低,会加速机械磨损,甚至发生汽缸拉毛、抱轴等故障,密封也不好,制冷剂容易泄漏。如果黏度太大,制冷压缩机功耗会增加。润滑油的黏度过大或过小都会影响制冷压缩机的正常运行,因此,制冷压缩机使用的润滑油黏度要适当。有些制冷剂跟润滑油互溶,致使润滑油变稀,所以应选用黏度较高的润滑油。

(3) 要有较好的黏温性能

润滑油的黏度随温度而变化,这种性质称为润滑油的黏温性。黏度随温度变化越小,黏温性就越好。制冷压缩机使用的润滑油要具有良好的黏温性,以免在温度变化时,由于润滑油的黏度发生变化而影响压缩机的正常工作。

(4) 闪点要高

润滑油的蒸气在遇明火时发生闪光的最低温度,称为润滑油的闪点。蒸气压缩式制冷系统的排气温度较高(汽缸等处的温度可高达 130~150 ℃),特别是螺杆式压缩机,使用同样的制冷剂,排气温度更高,因此要求润滑油的闪点要高一些,一般应高于排气温度 150 ℃以上。

(5) 要有良好的化学稳定性

良好的化学稳定性是指在高温下不分解、不氧化的性质。这样才能保证长期使用而不变质。在全封闭式的制冷压缩机(如电冰箱等)内,要求能够使用 10~15 年以上,长期不换油,更要有良好的化学稳定性和抗氧化性。

(6) 无腐蚀性

制冷压缩机在正常工作时,润滑油经常接触金属材料、橡胶、塑料、金属漆等,因此润滑油不应对上述材料有腐蚀性,以保证压缩机的运行安全。

(7) 不含水及酸之类杂质

润滑油中的含水量与制冷装置的制冷效果及使用寿命有十分密切的关系。润滑油中不应含有水分,否则会对机器部件产生腐蚀作用,加速零件损坏,水在氟利昂系统中会引起冰堵和镀铜现象。

(8) 浊点要低

润滑油的浊点就是随润滑油温度的下降,析出石蜡时的最高温度。在制冷压缩机工作时的低温部分,如果析出石蜡,将会堵塞节流机构或使节流机构流通面积减小,将影响压缩机的正常运行,使制冷量降低。

(9) 透明度要好

合格的润滑油应该是清澈透明的,呈无色或淡黄色。如果润滑油浑浊,说明油中有杂质,必须更换润滑油。

(10) 绝缘性好。

绝缘性好就是击穿电压要高,当润滑油中含有水分及杂质时,绝缘性降低。一般要求在 25 ℃时击穿电压大于 25 kV。

(11) 灰分少

当润滑油含有灰分时,将使绝缘性降低,并使润滑油的润滑功能下降,降低运动零部件的使用寿命。

3.3 空调系统分类

空调系统是利用空调设备对空气进行加热、冷却、加湿、去湿、净化等处理,然后送入各个用户空间的系统。

3.3.1 按空气处理集中程度分类

空调系统按空气处理的集中程度可分为集中式空调系统、分散式空调系统和半集中式空调系统。

集中式空调系统是将空气处理设备及其冷热源集中在专用机房内,经处理后的空气用风道分别送往各个空调房间。集中式空调系统处理的空气量大,有集中的冷源和热源,运行可靠,便于管理和维修,但机房占地面积较大,是一种出现最早、迄今仍然广泛应用的最基本的系统形式。图3.3所示为集中式空调系统示意图。

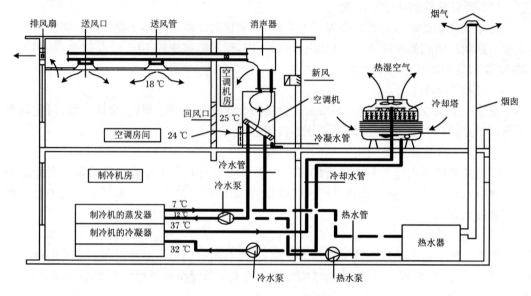

图3.3 集中式空调系统示意图

分散式空调系统是将空气处理设备、冷热源设备和风机紧凑地组合成为一个整体空调机组,可将它直接装设于空调房间,或者装设于邻室,借较短的风道将它与空调房间联系在一起。窗式空调器、分体式空调器分别如图3.4所示。

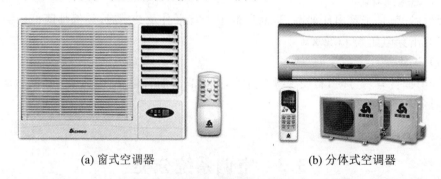

(a) 窗式空调器　　　　　　　　(b) 分体式空调器

图3.4 窗式空调器和分体式空调器

半集中式空调器既能对新风进行集中处理与输配,又能借设在空调房间的末端装置(如风机盘管,如图3.5所示)对室内循环空气进行局部处理,兼具前两种系统特点。半集中式空调系统除了有集中的空气处理室外,还在空调房间内设有二次空气处理设备。该系统克服了集中式空调系统设备、风道断面积大等缺点,同时具有局部式空调系统便于独立调节的优点。

在现代通风系统应用中,集中式空调系统和半集中式空调系统被称为中央空调系统,一般应用于大型商场、写字楼、城市轨道交通等需要大面积空气调节的场所。半集中式空调系统中的末端设备,如风机盘管等,被称为二次空气处理设备,此类设备可将空调机组中产生的冷水通过换热盘与空调区域的空气进行冷热交换,实现不同空调房间的独立调节。

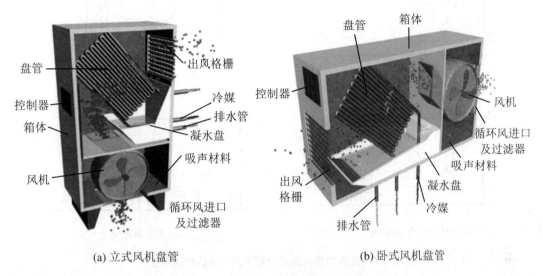

图 3.5 风机盘管

3.3.2 按室内负荷所用介质分类

空调系统按照室内负荷所用介质不同可分为全空气空调系统、全水空调系统、空气-水空调系统、冷剂空调系统。

全空气空调系统是指空调房间的室内负荷全部由经过处理的空气来承担的空调系统,如图 3.6(a)所示。由于空气的比热容较小,需要用较多的空气量才能达到消除余热余湿的目的,因此要求有较大断面的风道,占用空间较多。全空气系统可以分为定风量式系统(单风道式、双风道式)和变风量式系统。

全水空调系统指空调房间的热湿负荷全部靠水作为冷热介质来承担的空调系统,如图 3.6(b)所示。由于水的比热容比空气大得多,所以在相同条件下只需较小的水量,这样输送管道所占用的空间较少。但是仅靠水来消除余热余湿并不能解决房间的通风换气问题,室内空气品质较差,因而通常不单独采用这种方法。

空气-水空调系统是用空气和水共同负担空调房间热湿负荷的空调系统,如图 3.6(c)所示。该系统有效地解决了全空气系统占用建筑空间大和全水系统中空调房间通风换气的问题。

冷剂空调系统是将制冷系统的蒸发器直接放在空调房间来吸收余热余湿,常用于分散安装的局部空调机组,如图 3.6(d)所示。冷剂系统一般属于全分散系统,如窗式空调器、分体式空调器、柜式空调器,较常用的是多联机系统,采用变频控制技术。

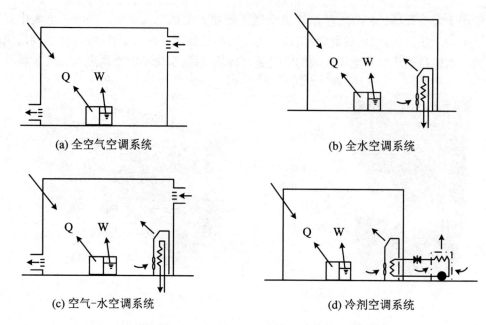

图 3.6 按室内负荷所用介质不同分类的空调系统

3.3.3 按被处理空气来源分类

空调系统按被处理空气来源进行分类可分为封闭式空调系统、直流式空调系统和混合式空调系统。

封闭式空调系统全部使用室内再循环空气,没有室外空气补充,因此房间和空气处理设备之间形成了一个封闭环路,如图 3.7(a)所示。这种系统最节能,但卫生条件也最差。它只适合于无人或很少有人进出但又需保持一定温湿度的库房等场所。

直流式空调系统使用的空气全部来自室外(又称室外新风),经热湿处理后送入空调房间,吸收余热余湿后又全部排至室外,如图 3.7(b)所示。该系统耗能最多,但室内空气得到了百分之百的交换。

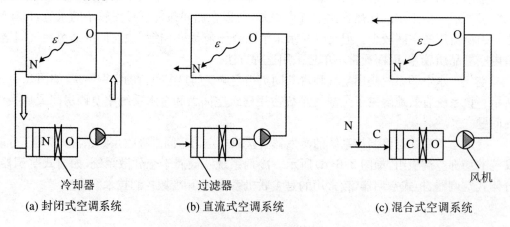

图 3.7 按被处理空气来源分类的空调系统

由于直流式空调系统不经济,而封闭式空调系统又不卫生,所以上述两种系统只能在特定情况下使用。对于绝大多数场合,往往需要综合两者的利弊,即采用室外空气(又称新风)与室内再循环空气(又称回风)相混合的混合式空调系统,如图3.7(c)所示。

3.3.4 其他空调系统分类

空调系统按风管中空气的流通速度可分为定风量空调系统和变风量空调系统。定风量空调系统中风量保持恒定,通过改变送风参数控制室内空调参数;变风量空调系统中送风温度恒定,靠改变送风量控制室内空气参数。上述两类空调在集中式空调系统中应用较多。

空调系统按风管中风速可分为高速空调系统和低速空调系统。一般民用建筑中主风管中风速低于10 m/s、工业建筑中主风管中风速低于15 m/s时为低速空调系统;民用建筑中主风管中风速高于10 m/s、工业建筑中主风管中风速高于15 m/s时为高速空调系统。低速空调系统一般用于居住、办公等要求噪声较小的场所,高速空调系统一般用于地下停车场、体育馆等场所。

空调系统按空调用途可分为工艺性空调系统和舒适性空调系统。工艺性空调系统的目的是满足生产过程和科学研究等需要,空调设计以保证工艺要求为主,而考虑室内人员的舒适则是次要的,如计算机房、电子车间、特殊要求实验室等;舒适性空调系统是以室内人员为服务对象,目的为创造一个舒适的工作或生活环境,有利于提高工作效率或者保持良好的健康水平。

空调系统按空调使用时间可分为全年性空调系统和季节性空调系统。全年性空调系统是指在冷天对被调节房间进行通风、供热和加湿,在热天则进行冷却和减湿,并保证有一定程度的空气流通和洁净度的全年使用的空气调节系统;季节性空调系统是指在特定季节使用的空气调节系统。

空调系统按风道设置可分为单风道空调系统和双风道空调系统。单风道空调系统有一个送风道和一个回风道;双风道空调系统由两条送风管道(一条送冷风、一条送热风)和一条回风管道组成。

3.4 制冷设备

3.4.1 制冷压缩机

压缩机是蒸气压缩式制冷装置中的一个重要部分,它是推动制冷剂在制冷系统中不断循环的动力,起着压缩和输送制冷剂蒸气的作用,因此制冷压缩机常被称为蒸气压缩式制冷装置的主机。

根据制冷压缩机的工作原理不同,可将其分为以下两类:容积型和速度型。容积型压缩机通过改变压缩机内工作腔的容积,使得被吸入压缩机内的气体体积强行缩小,从而达到提升气体压力的目的;速度型压缩机通过改变气体速度,通过把气体速度能转化为气体压力能的方式,从而达到提高气体压力的目的。压缩机具体分类如图3.8所示。

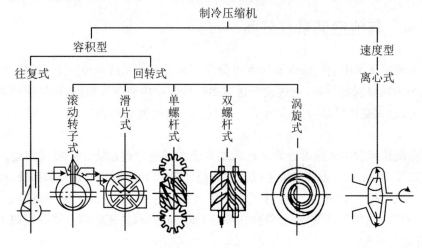

图3.8 制冷压缩机分类图

1. 往复式制冷压缩机

(1) 往复式(活塞式)制冷压缩机分类

① 按压缩机气缸分布形式,可将其分为直立型、V型、W型、S型,如图3.9所示。

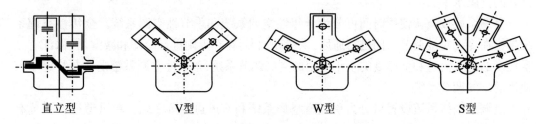

图3.9 往复式制冷压缩机气缸分布形式

② 按压缩机与电动机的组合形式,可将其分为开启式、半封闭式和全封闭式,如图3.10所示。

③ 按压缩机的级数,可将其分为单机单级和单机双级制冷压缩机。

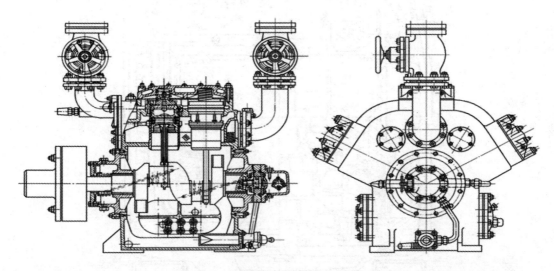

(a) 开启式制冷压缩机

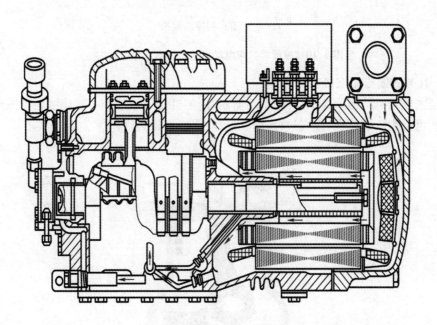

(b) 半封闭式制冷压缩机

图 3.10　按压缩机与电动机的组合形式分类

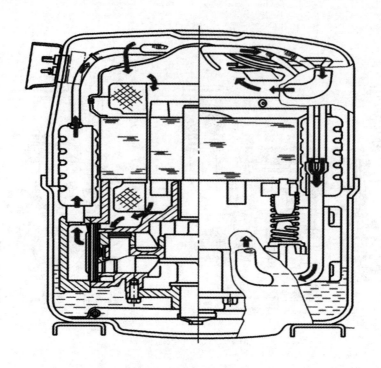

(c) 全封闭式制冷压缩机

图 3.10　按压缩机与电动机的组合形式分类(续)

(2) 往复式制冷压缩机工作原理

往复式压缩机结构示意图如图 3.11 所示，压缩机在工作过程中是连续运行的过程，其运动过程可分为压缩过程、排气过程、膨胀过程、吸气过程。

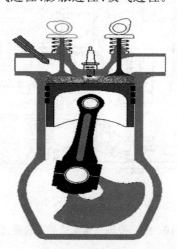

图 3.11　往复式制冷压缩机结构示意图

通过压缩过程，将制冷剂的压力提高。当活塞处于最下端位置(称为内止点或下止点)时，气缸内充满了从蒸发器吸入的低压蒸气，吸气过程结束；活塞在曲轴-连杆机构的带动下开始向上移动，此时吸气阀关闭，气缸工作容积逐渐减小，处于缸内的制冷剂受压缩，温度和压力逐渐升高。活塞移动到指定位置时，气缸内的蒸气压力升高到略高于排气腔中的制冷剂压力时,排气阀开启,开始排气。制冷剂在气缸内从吸气时的低压升高到排气压力的过程称为压缩过程。

通过排气过程,制冷剂进入冷凝器。活塞继续向上运动,气缸内制冷剂的压力不再升高,制冷剂不断地通过排气管流出,直到活塞运动到最高位置(称为外止点或上止点)时排气过程结束。制冷剂从气缸向排气管输出的过程称为排气过程。

通过膨胀过程,将制冷剂的压力降低。活塞运动到上止点时,由于压缩机的结构及制造工艺等原因,气缸中仍有一些空间,该空间的容积称为余隙容积。排气过程结束时,在余隙容积中的气体为高压气体。活塞开始向下移动时,排气阀关闭。吸气腔内的低压气体不能立即进入气缸,此时余隙容积内的高压气体因容积增加而使压力下降,直至气缸内气体的压力降至稍低于吸气腔内气体的压力、即将开始吸气过程时为止。

通过吸气过程,从蒸发器吸入制冷剂。活塞向下运动时,吸气阀开启,低压气体被吸入气缸中,直到活塞到达下止点位置,该过程称为吸气过程。

往复式制冷压缩机发展较早,技术也较成熟,应用最广。但是由于压缩机的活塞做往复运动所引起的惯性力和震动较大,提高转速和增大气缸内径与活塞行程都受到限制,因此适用于中、小型制冷装置。

2. 螺杆式制冷压缩机

(1) 螺杆式制冷压缩机分类

① 按螺杆个数,可将其分为单螺杆式和双螺杆式,如图3.12所示。

(a) 单螺杆式　　　　　　　　　　(b) 双螺杆式

图3.12　按螺杆个数分类的螺杆式制冷压缩机

② 按压缩机与电动机的连接方式,可分为开启式、半封闭式和全封闭式。

(2) 螺杆式制冷压缩机工作原理

螺杆式制冷压缩机转子的齿相当于活塞,转子的齿槽、机体的内壁面和两端端盖等共同构成的工作容积相当于活塞式压缩机的气缸。机体的两端设有呈对角线布置的吸、排气孔口。随着转子在机体内的旋转运动,工作容积由于齿的侵入或脱开而不断发生变化,从而周期性地改变转子每对齿槽间的容积,达到吸气、压缩和排气的目的,如图3.13所示。

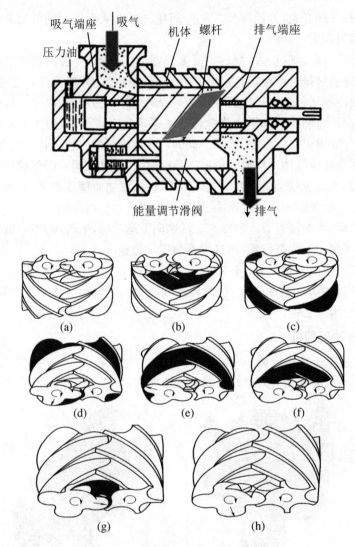

图 3.13　螺杆式制冷压缩机工作过程

图 3.13(a)、(b)和(c)所示为压缩机吸气过程中即将开始时刻、吸气进行中和吸气结束时转子的位置。阳转子按逆时针方向旋转,阴转子按顺时针方向旋转,图中的转子端面是吸气端面。压缩机转子旋转时,阳转子的一个齿连续地脱离阴转子的一个齿槽,齿间容积逐渐扩大,并和吸气孔口连通,气体经吸气孔口进入齿间容积,直到齿间容积达到最大值时,与吸气孔口断开,齿间容积封闭,吸气过程结束。图 3.13(a)所示为吸气开始时刻,在这一时刻,这一对齿前端的型线完全啮合,且即将与吸气孔口连通;随着转子继续运转,由于齿的一端逐渐脱离啮合而形成了齿间容积,并进一步扩大,形成一定的真空,气体在压差作用下流入齿间容积,如图 3.13(b)阴影部分所示。图 3.13(c)所示是齿间容积达到最大状态,齿间容积在此位置与吸气口断开,吸气过程结束。

图 3.13(d)、(e)和(f)所示是压缩过程中即将开始时刻、压缩进行中和压缩结束时转子的位置,图中转子端面是排气端面。吸气结束后,压缩机的转子继续旋转,在阴、阳转子齿间容积连通之前,阳转子齿间容积中的气体受阴转子齿的侵入开始压缩,如图 3.13(d)所示;经某一转角后,阴、阳转子齿间容积连通,形成"V"形的齿间容积对(基元容积),随两转

子齿的互相挤入,基元容积被逐渐推移,容积也逐渐缩小,实现气体的压缩过程,如图3.13(e)所示;压缩过程直到基元容积与排气孔口相连通时为止,如图3.13(f)所示,此刻排气过程开始。

图3.13(g)、(h)所示是压缩机的排气过程。齿间容积与排气孔口连通后,排气即将开始。随着转子旋转时基元容积不断缩小,将压缩后气体送到排气管,如图3.13(g)所示。此排气过程一直延续到该容积最小时为止,也就是齿末端的型线完全啮合,封闭的齿间容积为零。

随着转子的连续旋转,上述吸气、压缩、排气过程循环进行,各基元容积依次陆续工作,构成了螺杆式制冷压缩机的工作循环。

3. 离心式制冷压缩机

(1) 离心式制冷压缩机分类

① 按压缩机与电动机连接方式,可将其分为开启式、半封闭式和全封闭式。

② 按压缩机级数,可将其分为单级和多级压缩机,如图3.14所示。

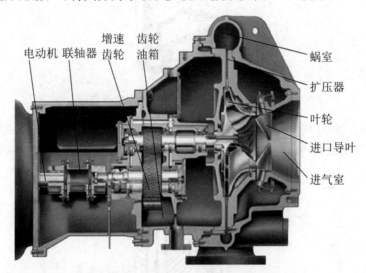

(a) 单级离心式制冷压缩机的剖视图

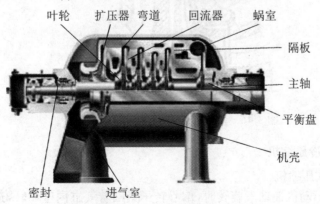

(b) 多级离心式制冷压缩机的剖视图

图3.14 离心式压缩机

③ 按用途,可将其分为冷水机组和低温机组。

(2) 离心式制冷压缩机工作原理

① 单级离心制冷压缩机。依靠高速旋转的叶轮对气体做功,以提高气体的压力,在叶轮进口处形成低压,气体由吸气管不断被吸入,在蜗壳处形成高压,最后引出压缩机外,完成吸气—压缩—排气过程,如图3.15所示。

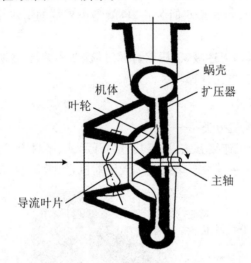

图 3.15 单级离心式制冷压缩机工作原理

② 多级离心制冷压缩机。多级离心压缩机与单级压缩机压缩原理类似,多级离心压缩机利用弯道和回流器将气体引入下一级叶轮进行压缩,形成多级压缩,如图3.16所示。

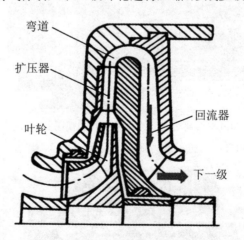

图 3.16 多级离心式制冷压缩机工作原理

4. 其他种类制冷压缩机

(1) 滚动滚子式压缩机

转子的主轴在原动机拖动下旋转时,偏心转子紧贴着气缸内壁回转,造成月牙状空间容积周期性变化,完成吸、排气和压缩过程,如图3.17所示。

如图3.18(a)所示,压缩机通过偏心转子开始对气缸右侧气体进行压缩,左侧气缸开始吸气;到如图3.18(b)所示时,左侧气缸继续吸气,右侧气缸内气体继续被压缩;在如图

3.18(c)所示时,左侧气缸继续吸气,右侧气缸由于压力大于排气阀规定压力值,开始进行排气;在如图3.18(d)所示时,左侧气缸继续吸气,右侧气缸排气结束;在如图3.18(e)所示时,左侧气缸停止吸气,左侧和右侧气缸联通。

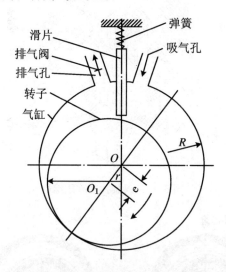

图 3.17　滚动滚子式制冷压缩机

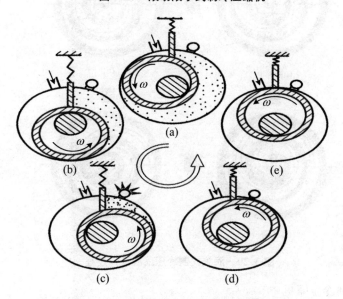

图 3.18　滚动滚子式制冷压缩机压缩过程

(2) 涡旋式制冷压缩机

涡旋式制冷压缩机(如图3.19所示)是通过动盘和静盘的相对转动来实现吸气、压缩和排气过程的,具体压缩过程如图3.20所示。

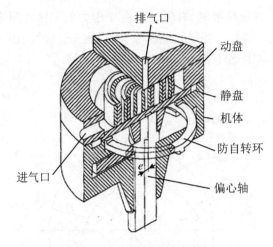

图 3.19　涡旋式制冷压缩机

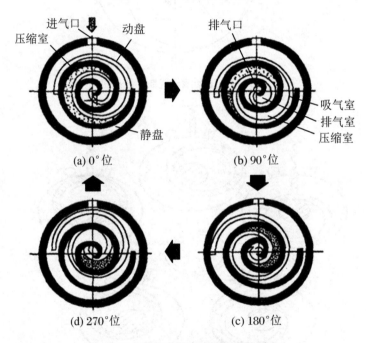

图 3.20　涡旋式制冷压缩机工作过程

(3) 滑片式制冷压缩机

滑片式制冷压缩机转子上有若干滑片,与气缸内壁构成扇形单元容积,转子旋转一周,单元容积由最小逐渐变大,再由最大逐渐变小,不断循环,完成吸气、压缩、排气等过程,如图 3.21 所示。

滑片式压缩机结构简单,制造容易,操作和维修保养方便。与活塞式压缩机相比,它没有气阀和曲柄连杆机构,故允许有较高转速,能与高速原动机直接连接,所以单位排气量的重量和尺寸指标均较小,无需很大的储气器。此外,滑片式压缩机动力几乎完全平衡,所以基础可以较小。滑片式压缩机的主要缺点是滑片机械磨损较大。

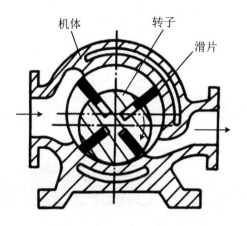

图 3.21 滑片式制冷压缩机结构

3.4.2 冷凝器

冷凝器是把由压缩机排出的高温高压气态制冷剂冷凝成液体制冷剂,把制冷剂蒸发器中吸收的热量(制冷量)与压缩机所耗功率相当的热量之和排入周围环境(水或空气)之中。

冷凝器按其冷却介质不同,可分为水冷式、空气冷却式(俗称风冷式)、蒸发式。

1. 水冷式冷凝器

水冷式冷凝器是以水为冷却介质,靠水的温升带走冷凝热量。冷却水可以采用自来水、江河水、湖水。冷却水可以一次使用,也可以循环使用,但系统中需设有冷却塔或凉水池。

水冷式冷凝器有壳管式冷凝器、套管式冷凝器、板式冷凝器。

(1) 壳管式冷凝器

壳管式冷凝器分为立式壳管式冷凝器和卧式壳管式冷凝器。

图 3.22 所示为立式壳管式冷凝器示意图。冷却水从上部进入冷凝器,在分水器的作用下以螺旋状流过管程,与管程的高温、高压氨气换热,使过热制冷剂蒸气等冷凝成液体。

图 3.23 所示为卧式壳管式冷凝器。来自压缩机的高温、高压制冷剂蒸气,由冷凝器壳体的顶部进气口进入冷凝器的管程,在固定于管板上的冷凝管束上放热冷凝成液体,制冷剂液体由壳体的底部出液口流出。冷却水从端盖下法兰口进入,受端盖内的分程隔板的导向,在冷凝器的换热管内呈多流程来回流动。吸收热量后从端盖上法兰口排出。

立式壳管式冷凝器传热系数高,冷却冷凝能力大,可以安装在室外,节省机房面积,对冷却水要求不高,但立式壳管式冷凝器用水量大,水泵消耗功率加大,比较笨重,搬运安装不方便,制冷剂泄露时不易被发现,且易于结水垢,需要经常清洗,适用于水质差、水温较高而水量充足的大、中型氨制冷系统。

卧式壳管式冷凝器传热系数高,冷却水用量比立式壳管式冷凝器少,结构紧凑,占用空间小,便于机组化,运行可靠。但卧式壳管式冷凝器制作难度较大,所用金属材料耗量较大,对冷却水水质要求高,对水温要求低,清洗时要停止工作,适用于水质较好的地区以及要求占地位置小的地方。

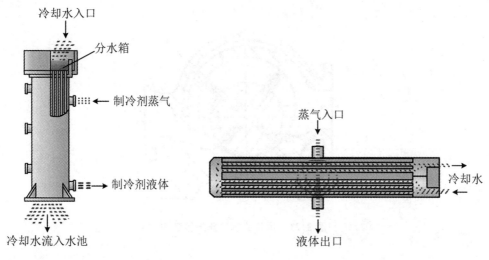

图 3.22　立式壳管式冷凝器　　　　图 3.23　卧式壳管式冷凝器

(2) 套管式冷凝器

套管式冷凝器中冷却水在内管内由下至上流动，制冷剂在内管外由上至下流动冷凝，如图 3.24 所示。

套管式冷凝器中冷液体的流速较大，冷热两流体呈逆向流动，热交换效果较好。排数和程数可根据需要增加或拆除，机动性大。但所用金属耗量较大，接头多，容易泄露，占地较大，若套管过长，流动阻力加大，耗费输送功率。氨用套管式冷凝器仅适用于传热面积不大的氨制冷装置中。氟用套管式冷凝器适用于全封闭式小型制冷机组中。

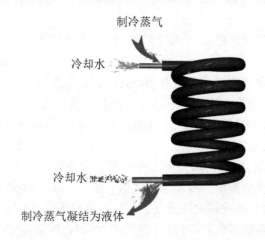

图 3.24　套管式冷凝器

(3) 螺旋板式冷凝器

螺旋板式冷凝器是用两块 4~5 mm 厚的钢板螺旋成筒体，两种流体逆向螺旋流动进行热交换，流动通道较大，如图 3.25 所示。

螺旋板式冷凝器流速较快，换热效率高，结构紧凑，制造简单，不易被堵塞，污垢不易沉积，但承压能力受限制，水侧阻力较大，适用于大型氨制冷系统。

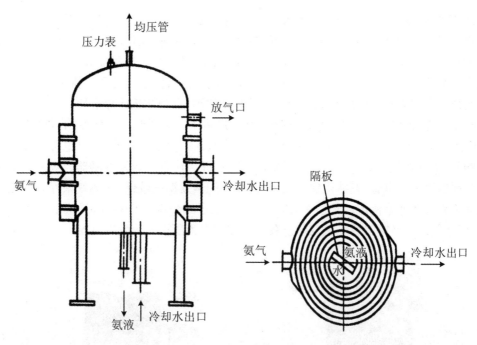

图 3.25 螺旋板式冷凝器

2. 空气冷却式冷凝器

空气冷却式冷凝器(如图 3.26 所示)是以空气作为冷却介质,靠空气的温升带走冷凝热量。空气冷却式冷凝器完全不需要用冷却水,适宜于缺水地区或不适合用水的场所,但空气冷却式冷凝器传热系数小,需要较大的平均温差,冷凝温度受环境温度影响很大。

空气冷却式冷凝器可分为空气自然对流式和空气强迫对流式。空气自然对流式冷凝器是通过空气受热后产生的自然对流带走冷凝器中的热量;强迫对流式冷凝器通过电机强迫产生空气对流带走冷凝器散发的热量,冷凝器管路呈蛇形布置,通过在管外加上肋片(如图 3.27 所示)增加空气换热面积。

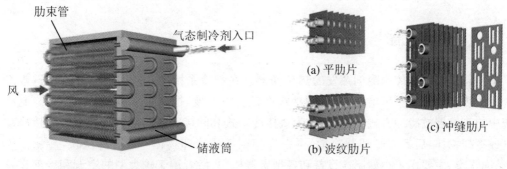

图 3.26 空气冷却式冷凝器　　图 3.27 肋片

3. 蒸发式冷凝器

蒸发式冷凝器主要利用部分水的蒸发带走气态制冷剂在冷凝过程放出的热量。工作时冷却水由水泵送至冷凝管组上部喷嘴,均匀地喷淋在冷凝排管外表面,形成一层很薄的水膜。高温气态制冷剂由冷凝排管组上部进入,被管外的冷却水吸收热量冷凝成液体从下部流出,吸收热量的水一部分蒸发为水蒸气,其余落到下部集水盘内,供水泵循环使用。风机强迫空气以 3~5 m/s 的速度掠过冷凝排管促使水膜蒸发,强化冷凝管管外放热,并使吸热后的水滴在下落的进程中被空气冷却,下落的水滴经疏水换热层被分流,在换热层填料表面形成很薄的水膜,二次冷却后落回水槽,蒸发的水蒸气随空气被风机排出,空气中夹带的水滴被脱水器阻挡住落回水盘。水盘中设有浮球阀,自动补充冷却水量。

蒸发式冷凝器按空气流动方式可分为吸入式和压送式,如图 3.28 所示。风机可设在蛇形管组的上部,吸入来自管组下部的空气,此为吸入式蒸发冷凝器;风机也可设在盘管下部的侧面,空气在风机的压送下,从盘管外部流过,此为压送式蒸发冷凝器。吸入式由于空气均匀地流过冷凝盘管,箱体内保持负压,因而水的蒸发温度较低,换热效果好。但是风机长期处于高温和非常潮湿的环境中,寿命缩短。压送式情况正好相反,风机电动机工作条件好,但空气流过冷凝盘管不太均匀。我国生产的多为压送式蒸发冷凝器。

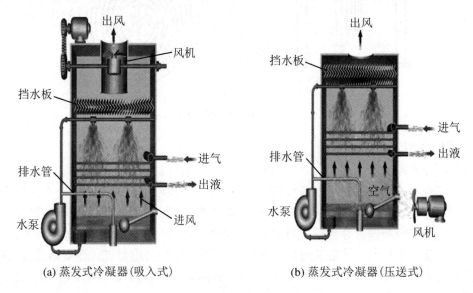

(a) 蒸发式冷凝器(吸入式) (b) 蒸发式冷凝器(压送式)

图 3.28 蒸发式冷凝器

3.4.3 蒸发器

蒸发器是利用液体制冷剂蒸发的热交换器。在制冷系统中,蒸发器是产冷设备,被冷却介质的热量通过管壁传给制冷剂,制冷剂在低温下蒸发,把热量从蒸发器中带走。制冷系统中的蒸发器按冷却方式不同,可分为直接冷却式和间接冷却式两大类。前者直接冷却空气或冷却物体,后者先冷却载冷剂,再去冷却空气或冷却物体。前者降温快,冷量损失小,结构紧凑,主要用于小型制冷设备和各种空调机中,后者用于较大型的空调和冷冻设备中。按被冷却介质种类,蒸发器可分为冷却液体载冷剂的蒸发器和冷却空气的蒸发器;按制冷剂供液方式,蒸发器可分为满液式蒸发器、非满液式蒸发器、再循环式蒸发器。

1. 冷却液体载冷剂的蒸发器

冷却液体载冷剂的蒸发器可分为满液式壳管蒸发器、干式壳管蒸发器和立管式冷水箱。

(1) 满液式壳管蒸发器

满液式壳管蒸发器中管内走水,制冷剂在管组外面蒸发,所以传热面基本上都是与液体制冷剂接触,制冷剂液体吸热气化后经筒体顶部的液体分离器回入压缩机。氟利昂满液式壳管蒸发器如图 3.29 所示。

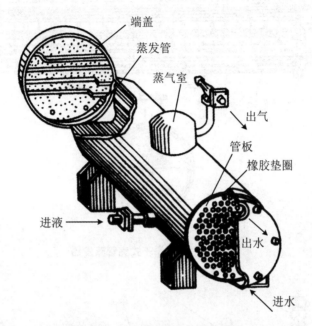

图 3.29　氟利昂满液式壳管蒸发器

(2) 干式壳管蒸发器

干式壳管蒸发器中制冷剂液体是在管内蒸发的,被冷却介质在管外流动。此时液态制冷剂的充注量很少,为管组内部容积的 35%～40%,而且制冷剂在气化过程中不存在自由液面,所以这种蒸发器被称为干式壳管蒸发器,如图 3.30 所示。

(3) 立管式冷水箱

冷水箱是大型空调制冷站中开式冷冻水系统常用的蒸发器,整体的管组沉浸于盛满载冷剂(水或盐水)的箱体(或池、槽)内。制冷剂在管内蒸发,载冷剂在搅拌器的推动下在箱内流动,以增强传热性。立管式冷水箱如图 3.31 所示。

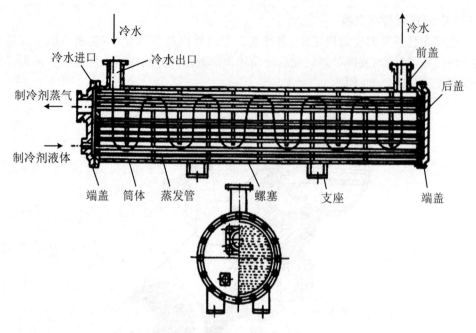

图 3.30 氟利昂干式壳管蒸发器

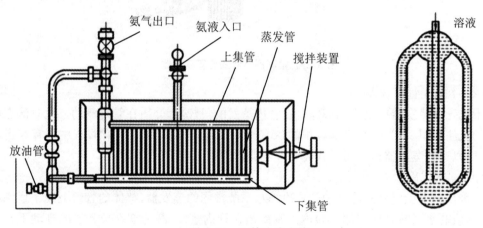

图 3.31 立管式冷水箱

2. 冷却空气的蒸发器

冷却空气的蒸发器使制冷剂在管内蒸发直接冷却空气,包括冷却排管和冷风机的蒸发器两种。

(1) 冷却排管蒸发器

冷却排管蒸发器多用于冷库及各种实验用制冷装置中。其特点是制冷剂在冷却排管内流动并蒸发,作为传热介质的被冷却空气在管外自然对流。按结构形式,冷却排管可分为立管式、蛇管式两类,如图 3.32 所示。立管式只适用于氨系统,蛇管式对于氨及氟利昂系统都适用。

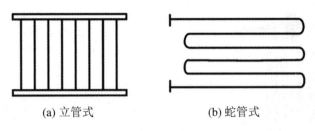

图 3.32 排管类型

(2) 冷风机的蒸发器

冷风机的蒸发器广泛用于各种空调机组以及冷藏库、低温试验箱用的各种形式的冷风机中。在这种蒸发器中,管外空气在风机的作用下受迫流动,与管内的制冷剂进行热交换,使空气冷却,从而达到降温的目的,如图 3.33 所示。

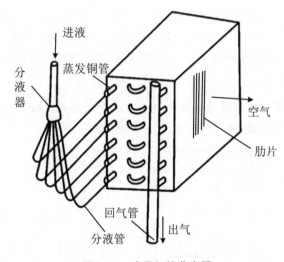

图 3.33 冷风机的蒸发器

3.4.4 节流装置

节流装置是使高压液态制冷剂受压流过一个小过流截面,产生合适的局部阻力损失(或沿程损失),使制冷剂压力骤降,使节流后的制冷剂成为低压低温状态,同时还调节输入蒸发器的制冷剂流量,以适应制冷系统制冷量变化的需要。节流装置主要作用为:将制冷剂的高压部分和低压部分分隔开,防止高压蒸气串流到蒸发器中;对蒸发器的供液量进行控制,使其保持适量的液体,使蒸发器全面发挥作用。

常用的节流装置有手动节流阀、浮球节流阀、热力膨胀阀以及毛细管等。

1. 手动节流阀

手动节流阀又称手动膨胀阀如图 3.34 所示。手动节流阀的阀杆采用细牙螺纹,阀杆上、下行程;阀芯为针形锥体,或具有"V"形缺口的锥形圆筒。如图 3.35 所示,节流阀的阀芯为针形锥体或带缺口的锥体,阀杆为细牙螺纹,所以转动手轮时,阀芯移动的距离不大,过流截面积可以较准确、方便地调整。

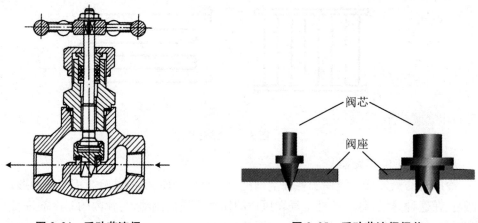

图 3.34　手动节流阀　　　　　　　　图 3.35　手动节流阀阀芯

节流阀开启度的大小是根据蒸发器负荷的变化而调节的,通常开启度为手轮的 1/8 至 1/4 周,不能超过 1 周。否则,节流阀会因开启度过大而失去膨胀作用。目前它只装设于氨制冷装置中,在氟利昂制冷装置中,广泛使用热力膨胀阀进行自动调节。

2. 浮球节流阀

浮球节流阀是利用一钢制浮球在浮球室中随液面高低而升降,以此控制阀门开启度的大小变化来自动调节供液量,同时起节流作用,如图 3.36 所示。

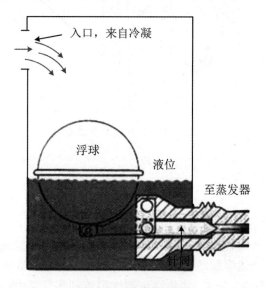

图 3.36　浮球节流阀

浮球节流阀可分为直通式浮球节流阀和非直通式浮球节流阀,如图 3.37 所示。

直通式浮球节流阀指进入容器的全部液体制冷剂首先通过阀孔进入浮球室,然后再进入容器。其结构和安装简单,但液体的冲击作用使浮球室的液面波动大,调节阀的工作不太稳定,而且由于液体依靠静液柱的高度差从壳体流入蒸发器,因此只能供到容器的液面以下。

非直通式浮球节流阀指阀座装在浮球室外,经节流后的制冷剂不需要通过浮球室而沿管道直接进入容器。因此浮球室液面较平稳,而且可以供液到蒸发器的任何部位,但结构与安装均比较复杂。

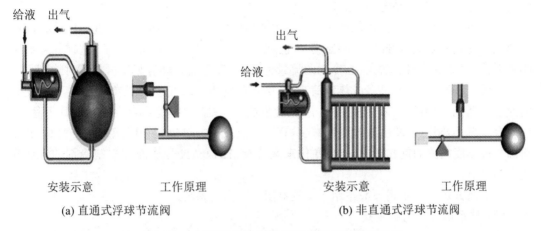

(a) 直通式浮球节流阀　　　　　(b) 非直通式浮球节流阀

图 3.37　直通式浮球节流阀和非直通式浮球节流阀

浮球节流阀属于比例调节,存在静态偏差,但这种静态的液面偏差一般都比较小。

3．热力膨胀阀

热力膨胀阀又称为自动膨胀阀和恒温膨胀阀,它靠蒸发器出口气态制冷剂的过热度来控制阀门的开启度,以自动调节供给蒸发器的制冷剂流量,并同时起节流作用。热力膨胀阀分为内平衡式热力膨胀阀、外平衡式热力膨胀阀、热电膨胀阀和电子脉冲膨胀阀。

(1) 内平衡式热力膨胀阀

内平衡式热力膨胀阀结构和工作原理如图 3.38 所示。

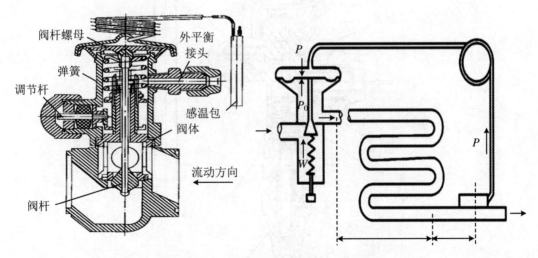

图 3.38　内平衡式热力膨胀阀工作原理

金属波纹薄膜受三种力的作用:在膜片的上方,感温包中液体(与其感受到的温度相对应)的饱和压力 P 对膜片产生向下的推力 P;在膜片的下方,受阀座后面与蒸发器相通的低压液体对膜片产生一个向上的推力 P_0(制冷剂的蒸发压力);弹簧的张力 W。此外,还有活动零件之间的摩擦力等因素构成的作用力,因为其值甚小,在分析时可以忽略不计。由以上分析可知,当三力处于平衡状态,即满足 $P = P_0 + W$ 时,膜片不动,则阀口有一定的开启度。而当其中任何一个力发生变化时,就会破坏原有的平衡,则阀口的开启度也就随之发生变化,直到建立新的平衡为止。

当外界情况改变,如由于供液不足或热负荷增大,引起蒸发器的回气过热度增大时则感温包感受到的温度也升高,饱和压力 P 也就增大,因此形成 $P>P_0+W$,这样就会导致膜片下移,使阀口开启度增大,制冷剂的流量也增大,直至供液量与蒸发量相等时达到另一平衡。反之,若由于供液过多或热负荷减少,引起蒸发器的回气过热度减小,感温包感受到的温度也降低,则饱和压力 P 也就减小,因此形成 $P<P_0+W$,这样就会导致膜片上移,阀口开启度减小,制冷剂的供液量也就减少,直至与蒸发器的热负荷相匹配为此。如此,利用与回气过热度相关的饱和压力 P 的变化来调节阀口的开启度,从而控制制冷剂的流量实现自动调节。

内平衡式热力膨胀阀一般适用于蒸发器阻力不大的系统。

(2) 外平衡式热力膨胀阀

外平衡式热力膨胀阀与内平衡热力膨胀阀在结构上略有不同,其感应薄膜下部空间与膨胀阀出口互不相通,而是通过一根小口径的平衡管与蒸发器出口相连,如图 3.39 所示,即外平衡热力膨胀阀膜片下部的制冷剂压力不是阀门节流后的蒸发压力,而是蒸发器出口处的制冷剂压力。这样可以避免蒸发器阻力损失较大时的影响,把过热度控制在一定的范围内,使蒸发器传热面积得到充分利用。

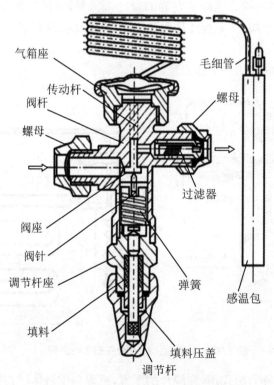

图 3.39 外平衡式热力膨胀阀

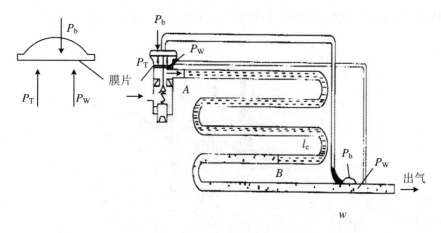

图 3.39　外平衡式热力膨胀阀(续)

外平衡式热力膨胀阀适用于蒸发器阻力较大的系统。

4．热电膨胀阀

热电膨胀阀也称电动膨胀阀。它是利用热敏电阻的作用来调节蒸发器供液量的节流装置。热电膨胀阀工作示意图如图 3.40 所示。热敏电阻具有负温度系数特性，即温度升高，电阻减小。它直接与蒸发器出口的制冷剂蒸气接触。在电路中，热敏电阻与膨胀阀膜片上的加热器串联，电热器的电流随热敏电阻值的变化而变化。当蒸发器出口制冷剂蒸气的过热度增加时，热敏电阻温度升高，电阻值降低，电加热器的电流增加，膜室内充注的液体被加热而使温度增加，压力升高，推动膜片和阀杆下移，使阀孔开启或开大。当蒸发器负荷减小，蒸发器出口蒸气的过热度减小或变成湿蒸气时，热敏电阻被冷却，阀孔就关小或关闭。这样，热电膨胀阀可以控制蒸发器的供液量，使其与热负荷相适应。

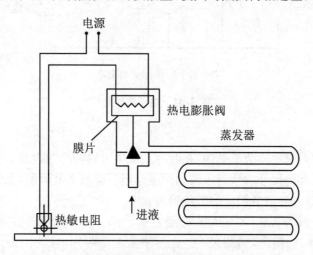

图 3.40　热电膨胀阀工作示意图

5．电子脉冲式膨胀阀

电子脉冲式膨胀阀结构如图 3.41(a)所示，当控制电路的脉冲电压按一定的逻辑顺序输入到电子膨胀阀电机各相线圈上时，步进电动机转子受磁力矩作用产生旋转运动，通过减速齿轮组传递动力，并通过传递机构带动阀针做直线移动，改变阀口开启大小，从而实现自动调节介质流量,使制冷系统保持最佳状态。其电路图如图3.41(b)所示。

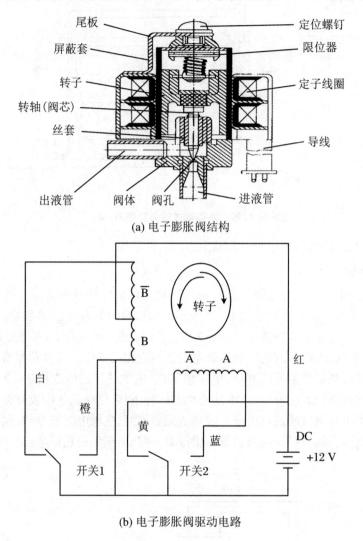

(a) 电子膨胀阀结构

(b) 电子膨胀阀驱动电路

图3.41 电子膨胀阀

6. 毛细管

毛细管是一种最简单的节流机构,在制冷系统中可对制冷剂起到节流膨胀作用。毛细管利用流体在一定几何尺寸的管道内流动产生摩阻压降改变其流量,毛细管本身不具备自身流量调节能力,是一种流节恒定的节流设备。

毛细管内径一般为 0.6~2.5 mm,长度为 0.5~5.0 m。毛细管的调节性能差,流量取决于入口压力,但结构简单,价格便宜,是一种无运动部件,且使用寿命较长,如图3.42所示。

图 3.42 毛细管

技 术 训 练

1. 简述空调制冷系统的主要部件及工作原理。
2. 简述制冷剂主要分类及代表类型。
3. 简述载冷剂与制冷剂的区别。
4. 简述空调压缩机的分类。
5. 简述空调冷凝器的分类及工作原理。
6. 简述空调蒸发器的分类及工作原理。
7. 简述内平衡式热力膨胀阀工作原理。
8. 简述外平衡式热力膨胀阀工作原理。

第4章 城市轨道交通空调水系统

4.1 冷水机组

4.1.1 空调水系统简介

城市轨道交通车站内的温度调节是通过空调水系统与冷水机组中换热设备进行热量交换实现的,从而保证空调系统正常运行及冷热量的顺利传送。空调水系统一般分为冷冻水系统和冷却水系统。在冷水机组制冷过程中,冷冻水系统中冷冻水与蒸发器中制冷剂进行热量交换,把蒸发器中的冷量通过冷冻水传送到车站内各空气处理器及风机盘管等终端设备,从而实现车站内空气温度调节;冷却水系统中冷却水与冷凝器进行热量交换,使冷凝器中制冷剂温度降低,保证制冷设备正常运行。典型的城市轨道交通空调水系统如图4.1所示。

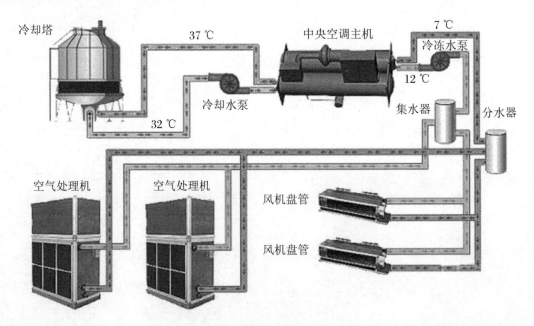

图4.1 城市轨道交通空调水系统

4.1.2 冷水机组的分类

在城市轨道交通空调制冷系统中冷热源产生设备为冷水机组。冷水机组是压缩机、冷凝器、蒸发器、节流部件及其他附件的集成组合设备。图4.2所示为一种冷水机组外形图。

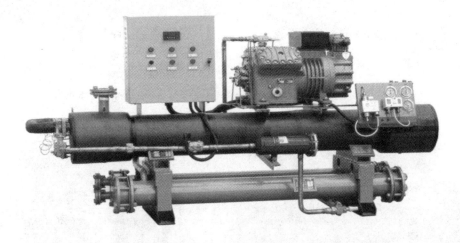

图4.2 空调冷水机组

1. 按驱动动力不同分类

冷水机组按驱动动力不同可分为电力驱动冷水机组和热力驱动冷水机组。电力驱动的冷水机组主要通过把电能转化为机械能再转化为热能的方式进行制冷;热力驱动的冷水机组通过两种液体混合,一种液体作为制冷剂,另一种液体作为吸收剂,通过吸收剂吸收制冷剂中热量达到制冷的目的。

2. 按压缩机分类

按压缩机类型不同,冷水机组可分为活塞式冷水机组、离心式冷水机组、螺杆式冷水机组和涡旋式冷水机组。活塞式冷水机组适用于多种制冷剂且造价较低,但活塞式冷水机组内零部件易损坏,需经常进行维修保养;离心式冷水机组比活塞式冷水机组的维修周期长,制冷量大,常用于大型空调系统;螺杆式冷水机组单机制冷量比较大,设备结构简单,螺杆式冷水机组的零部件是活塞式冷水机组的十分之一,同时,螺杆式冷水机组可以直接放置在地基上,无需地脚螺栓固定,城市轨道交通车站内冷水机组常选用螺杆式冷水机组;涡旋式冷水机组的使用寿命较长,运行平稳但单机制冷量较低,常用于小型空调系统。图4.3所示为各类冷水机组外形图。

3. 按冷凝器冷却方式分类

按冷凝器冷却方式,冷水机组可分为水冷式冷水机组和风冷式冷水机组。水冷式冷水机组的冷凝器通过水循环进行冷却,风冷式冷水机组的冷凝器通过对流风进行冷却。

(a) 活塞式冷水机组

(b) 离心式冷水机组

(c) 螺杆式冷水机组

(d) 涡旋式冷水机组

图 4.3　冷水机组外形图

4.2　冷冻水系统

4.2.1　冷冻水系统简介

在中央空调中载冷剂即冷冻水又称为冷媒水,它是在空调末端设备与冷水机组蒸发器之间传递冷量和热量的介质。

城市轨道交通冷冻水系统主要由冷冻水泵、集水器、分水器、膨胀水箱、水处理装置及冷冻水管路等构成。在冷冻水系统中的冷冻水是一种载冷剂,是传送冷量到车站内的一种中间介质。图 4.4 所示为冷冻水系统。在冷冻水泵的驱动下,12 ℃冷冻水流入冷水机组蒸发器内的换热管,被管外的液态制冷剂蒸发而吸收热量,使其温度降低至 7 ℃,7 ℃的冷冻水携带着所获得的冷量沿供水管路流至各个空调末端设备,为末端提供冷量。7 ℃的低温冷冻水是在冷水机组的蒸发器中制造出来的。

管路的功能是将冷水机组与空调末端装置连接起来,保证冷冻水按照供水管路输送到各个空调末端装置。

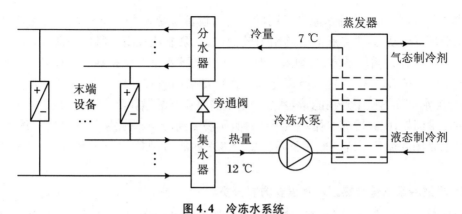

图 4.4 冷冻水系统

4.2.2 冷冻水系统分类

1. 根据冷冻水系统的水压分类

根据冷冻水系统的水压情况,可分为开式循环系统和闭式循环系统。

在开式循环系统中,在冷冻水管路中设有储水箱或蓄水池并与外界连通,冷冻水从冷水机组中流过蒸发器后,被送入空气处理器或风机盘管等终端设备进行热量交换,完成热量交换后,冷冻水通过重力作用流到储水箱或蓄水池,再通过冷冻水泵抽入冷水机组中,从而形成冷冻水循环。图4.5(a)所示为一种冷冻水开式循环系统。

在闭式循环系统中,冷冻水管路不与大气相连,冷冻水循环仅通过水泵实现,但在冷冻水系统管路的最高处设置膨胀水箱,用以降低水泵功率消耗。图4.5(b)所示为一种冷冻水闭式循环系统。

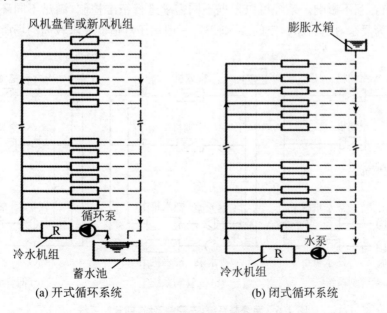

(a) 开式循环系统　　　　(b) 闭式循环系统

图 4.5 冷冻水循环系统

一般来说,冷冻水开式循环系统管路与蓄水池连接较为简单,蓄水池易受到污染,蓄水池中含氧量较高,导致冷冻水系统长时间运行后设备易受到腐蚀和损坏;由于水泵需要为系统水循环提供动力,需克服的管路阻力较大,故水泵能耗较高。所以一般空调冷冻水循环系统不采用开式循环系统,必须采用时,蓄水池的蓄水量宜保持在整个循环系统冷冻水水量的5%~10%之间。目前,空调冷冻水系统常采用闭式循环系统,由于膨胀水箱的存在,为冷冻水循环提供了外在能量,系统内水泵需要克服的循环阻力降低,从而降低了整个系统的能量消耗;闭式冷冻水循环系统还具有不易受到污染、管路腐蚀程度轻等优点,但需要注意的是闭式循环系统一般不具备储备冷冻水的能力,如果与蓄水池连接,则系统将变得复杂。

2. 根据冷源水管和热源水管设置方式分类

根据空调水系统中冷源水管和热源水管设置方式进行分类,空调冷冻水系统可分为两管制系统、三管制系统、四管制系统、分区两管制系统。

两管制系统中,空调的供热水系统、供冷水系统在通往换热器的管路和返回热源、冷源机组管路共用一条水管,即在两管制系统中只有一条供水管和一条回水管。在不同季节,通过阀门对管路用途进行切换。图4.6(a)所示为一种两管制管路。两管制系统比较简单,一般投资较少,但两管制系统的供冷和供热不能同时进行,只能二选一,在我国高层建筑中应用较多。

三管制系统中,热源机组和冷源机组有各自独立的管路向热交换设备供水,但水系统返回时只有一条管路,即两条供水管路、一条回水管路。图4.6(b)所示为一种三管制管路。三管制系统的供水可以独立进行,可以实现冷、热交换同时进行,但在回水过程中会出现能量损失。目前三管制系统应用较少。

四管制系统中,热源机组和冷源机组分别独立向热量交换设备供水和回水,即有两条供水管路和两条回水管路。图4.6(c)所示为一种四管制系统。四管制系统中制冷和制热可以同时进行,互不影响。系统可以根据不同需求进行精准控制,满足不同环境要求。四管制系统较为复杂,投资较大,空间要求较高,一般用于舒适度要求较高的场所。

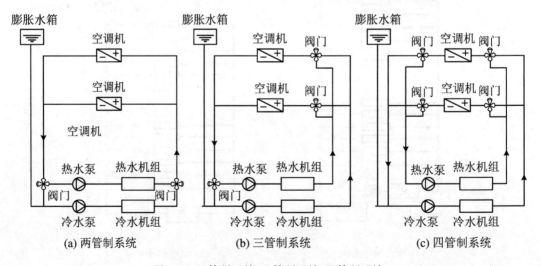

(a) 两管制系统　　(b) 三管制系统　　(c) 四管制系统

图4.6　两管制系统、三管制系统、四管制系统

分区两管制系统是当建筑内一些区域的空调系统需全年供冷、其他区域仅要求按季节

进行供冷和供热转换时采用,如图4.7所示。分区两管制系统与现行两管制系统相比,其投资和占用建筑空间与两管制系统相近,在分区合理的情况下其调节性能与四管制系统相近,是一种既能有效提高空调标准,又不明显增加投资的方案,其设计与相关空调新技术相结合,可以使空调系统更加经济合理。

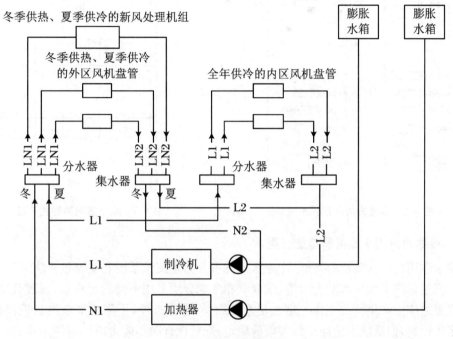

图4.7 分区两管制系统

3. 根据水流路程长度分类

根据冷水机组末端的水流路程长度,可以把冷冻水系统分为同程式系统和异程式系统。

同程式系统中,通过冷水机组和换热器组成的各冷冻水循环的水流路程相同。图4.8所示为一种同程式系统。在此系统中,不同换热器和冷水机组组成的水流循环的路程相同。在同程系统中,每个环路水流阻力、冷热量损失接近,设备间的水量分配均匀,便于调节,但管路布置较为复杂,管路长,投资相对较大。

异程式系统中,各换热设备和冷水机组组成的水循环回路的路程是不同的,如图4.9所示。在异程式系统中,各循环管路的阻力不同,容易导致系统水力失调现象,但异程式系统相对于同程式系统,系统结构比较简单,管路长度较短,投资额度不大。

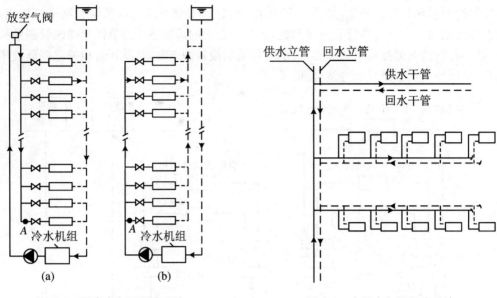

图 4.8　竖直方向同程式系统　　　　图 4.9　水平方向异程式系统

4. 根据用户侧水流量的特征分类

按末端用户侧水流量的特征，冷冻水系统可分为定流量系统和变流量系统。

定流量系统中循环水量为定值，或夏季和冬季分别采用不同的定水量，通过改变供、回水温度来适应空调负荷的变化。定水量系统简单，操作方便，不需要复杂的自控设备和变水量定压控制，但系统水量均按最大负荷确定，配管设计时不能考虑同时使用系数，输送能耗始终处于最大值，不利于节能。

变流量系统是指系统中供、回水温度保持不变，当空调负荷变化时，通过改变供水量来适应。变水量系统的水泵的能耗随负荷减少而降低，在配管设计时可考虑同时使用系数，管径可相应减小，降低水泵和管道系统的初投资，但需要采用供、回水压差进行流量控制，自控系统较复杂。

5. 根据循环泵的配置方式分类

根据系统中循环泵的配置方式，冷冻水系统可分为一级泵系统和二级泵系统。

一级泵系统是指在冷、热源侧和负荷侧合用一组循环泵的系统，如图 4.10(a)所示。该系统结构简单，初投资低，运行安全可靠，不存在蒸发器冻结的危险，但不能适应各区压力损失悬殊的情况；在绝大部分运行时间内，系统处于大流量、小温差的状态，不利于降低水泵的能耗。

二级泵系统是指在冷、热源侧和负荷侧分别配置循环泵的系统，如图 4.10(b)所示。该系统能适应各区压力损失悬殊的情况；能根据负荷侧的需求调节流量，节省一部分水泵能耗；由于流过蒸发器的流量不变，能防止蒸发器发生结冻事故，确保冷水机组出水温度恒定，但系统自控复杂，初投资高。

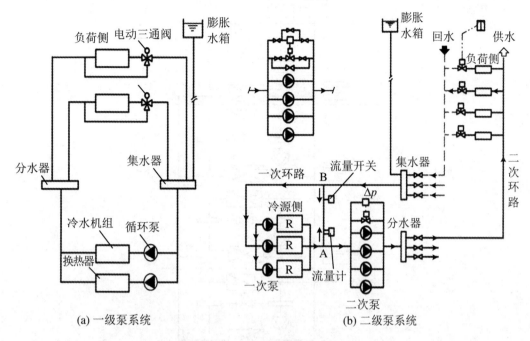

图 4.10　一级泵系统和二级泵系统

4.2.3　冷冻水系统承压和分区

随着建筑物高度的增加,空调冷冻水系统的静水压力和水泵出水压力也随之增加,而系统中的设备(冷水机组、热交换器)、管件、阀门等的承压能力是有极限的。冷冻水系统所能承受的最高压力在系统运行的不同阶段是不同的。一般冷冻水系统的承压可分为设备承压和管道承压。

在高层或超高层建筑物中,冷冻水系统的静水压力很大。当设备的承压不足时,为保证空调水系统运行的安全,解决办法就是将冷冻水系统进行垂直水力分区(低区和高区),并相互隔离,如图 4.11 所示。垂直分区后,静水压力变为分段承压,每个分区的水压极大降低。

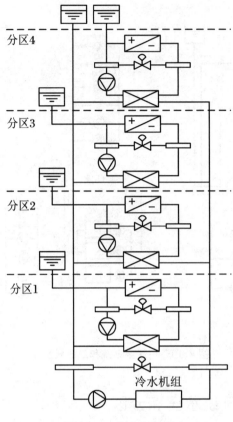

图 4.11 冷冻水分区

4.2.4 冷冻水系统附属部件

1. 膨胀水箱

空调冷热水循环系统的补水、定压与膨胀，一般通过膨胀水箱来完成。膨胀水箱有定压、容纳膨胀水量的作用，在自然循环热水采暖系统中还能起到排气的作用，因而是空调水系统中的主要部件之一，如图 4.12 所示。

(a) 膨胀水箱外形

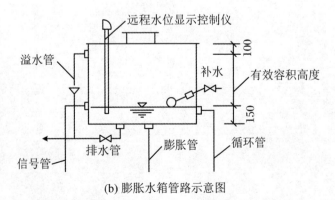

(b) 膨胀水箱管路示意图

图 4.12 膨胀水箱

膨胀管将系统中因膨胀而增加的水量导入水箱;在水冷却时,将水箱中的水导入系统;溢流管用于排出水箱内超过规定水位的多余水;信号管用于监测水箱内的水位;补水管用于补充系统水量,自动保持膨胀水箱的恒定水位;循环管在水箱和膨胀管可能发生冻结时,用来使水缓慢流动,防止水冻结;排水管用于排污。

膨胀水箱的安装高度应至少高出系统最高点 0.5 m(通常取 1.0~1.5 m),使系统运行时各点压力均高于静止时的压力。在机械循环空调水系统中,为了确保膨胀水箱和水系统正常工作,膨胀水箱的膨胀管应连接在循环水泵的吸入口前(该接点即为水系统的定压点)。

2. 水处理设备

空调水处理方法有两大类,即物理水处理法与化学水处理法。

物理水处理器主要有内磁水处理器、电子水处理器、静电水处理器、射频水处理器等。物理水处理方法对水系统结垢、除垢有一定的作用。图 4.13 所示为水处理器外形。

化学水处理法是利用在水系统中添加化学药物,进行管道初次化学清洗、镀膜,达到缓蚀、阻垢、灭菌杀藻的目的。

3. 分水器、集水器

在中央空调系统中,为了利于各空调系统分区流量分配和调节,常在水系统的供、回水干管上分别设置分水器(供水)和集水器(回水),再分别连接各空调分区的供水管和回水管。分、集水器也称为集管、母管,在蒸气系统中则称为分气缸,如图 4.14 所示。

设置分、集水器的目的:一是为了便于连接通向各个并联环路的管道;二是均衡压力,使汇集在一起的各个环路具有相同的起始压力或终端压力,确保流量分配均匀。

图 4.13 水处理器

图 4.14 集水器

4.2.5 冷冻水管路

1. 冷冻水泵位置

冷冻水系统中,水循环的动力主要是通过冷冻水泵提供,根据冷冻水泵安装的位置不同,冷冻水管路可分为压入式和抽出式。压入式管路中,水泵安装在蒸发器入水口处,通过水泵把冷冻水压入蒸发器内;抽出式管路中,水泵安装在蒸发器出水口处,通过水泵把冷冻水从蒸发器内抽出,如图4.15所示。

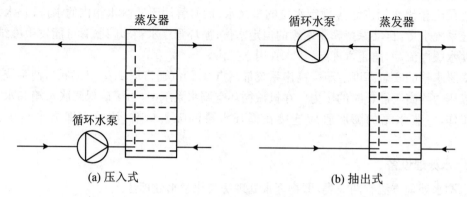

图 4.15 水泵设置方式

2. 冷冻水管路配置

冷冻水循环系统中,冷冻水泵与冷水机组的配合有:水泵与冷水机组——串联后并联设置,如图4.16(a)所示;水泵和冷水机组各自单独并联后进行串联,如图4.16(b)所示。图4.16(a)所示的管路配置使得水泵和冷水机组之间水流量容易匹配,便于冷冻水循环系统的调节,在进行设备改造时,需对相互配套的冷冻水泵和冷水机组同时进行改造;图4.16(b)所示的管路配置中各水泵和冷水机组功能相同,可各自相互备用,能提高冷冻水系统稳定性,但水泵和冷水机组之间的水流量匹配难度较大。

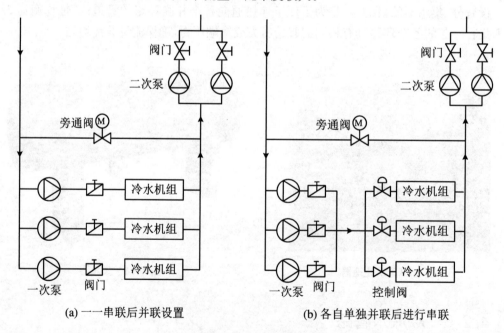

图 4.16 冷冻水管路配置

4.3 冷却水系统

冷却水循环系统是指来自冷却塔的较低温度的冷却水，经冷却水泵加压后进入冷水机组，带走冷凝器的散热量。高温的冷却水被送至冷却塔上部喷淋。由于冷却塔风扇的运转，冷却水在喷淋下落过程中，不断与塔下部进入的室外空气进行热湿交换，冷却后的水落入冷却塔集水盘中，由水泵重新送入冷水机组循环使用。

4.3.1 冷却水系统布置

冷却水系统的布置形式可分为重力回水式和压力回水式，如图 4.17 所示。

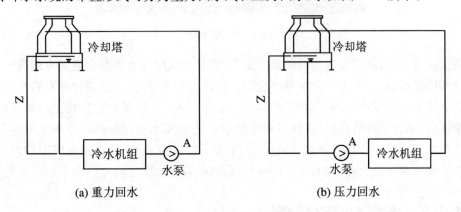

图 4.17 冷却水系统布置

重力回水式系统的水泵设置在冷水机组冷却水的出口管路上，经冷却塔冷却后的冷却水借重力流经冷水机组，然后经水泵加压后送至冷却塔进行再冷却。冷凝器只承受静水压力。

压力回水式系统的水泵设置在冷水机组冷却水的入口管路上，经冷却塔冷却后的冷却水借水泵的压力流经冷水机组，然后再进入冷却塔进行再冷却。冷凝器的承压为系统静水压力和水泵压力之和。

4.3.2 冷却塔

冷却水系统的重要冷却设备是冷却塔，如图 4.18 所示。冷却塔以水为循环冷却剂，从系统中吸收热量排放至大气中，来降低水温的装置。它是利用水与空气流动接触后进行冷热交换产生蒸气，再通过蒸发散热、对流传热和辐射传热等散去工业上或制冷空调中产生的余热来降低水温的蒸发散热装置。

冷却塔的类型很多，根据循环水在塔内是否与空气直接接触，可将其分为湿式、干式和干湿式。

按水和空气的流动方向,可将其分为横流式冷却塔、逆流式冷却塔、混流式冷却塔。其中,横流式冷却塔中水流从塔上部垂直落下,空气水平流动通过淋水填料,气流与水流正交;逆流式冷却塔中水流在塔内垂直落下,气流方向与水流方向相反。

图 4.18　冷却塔

按通风方式,可将其分为自然通风冷却塔、机械通风冷却塔和混合通风冷却塔。

冷却塔运行时,会产生一定的噪声、飘水,设计冷却水系统时,必须合理布置冷却塔,充分考虑并注意防止噪声与飘水对周围环境造成的影响。冷却塔台数宜按制冷机台数一对一匹配设计;多台组合塔设置,应保证单个组合体的处理水量与制冷机冷却水量匹配。冷却塔不设备用。多台冷却塔并联使用时,积水盘下应设连通管,或进出水管上均设电动两通阀。多台冷却塔组合在一起,使用同一积水盘时,各并联塔之间风室应采取隔断措施。

4.3.3　冷却水管路配置

空调冷却水系统一般为开式系统,冷却系统由水泵、冷水机组、冷却塔、冷却水管及各种阀门组成。根据冷水机组、水泵及冷却塔的不同配置,可以形成不同的冷却水系统,主要分类如下:

1. 独立式冷却水系统

在此系统中冷水机组、水泵、冷却塔一一对应,形成若干冷却水系统,如图 4.19 所示。若干冷却水系统相互独立,互不干涉,此类冷却水系统不需要设置均压管,但是管路较多,耗费较大,冷却功能不易进行统一调度。

2. 冷却设备并联式冷却水系统

此系统中各冷却系统设备,如冷水机组、冷却水泵和冷却塔各自并联后,通过管路串联在一起,形成冷却水系统,如图 4.20 所示。此系统使用管材较少,但冷水机组中冷却水流量分配易产生不均衡。

3. 冷却设备串并联混合式冷却水系统

此系统中冷水机组与冷却水泵一一对应,形成管路后进行并联,与并联后的冷却塔形成冷却水系统,如图 4.21 所示。在此系统中需设置均压管,避免出现冷却塔集水盘内水位不同现象。

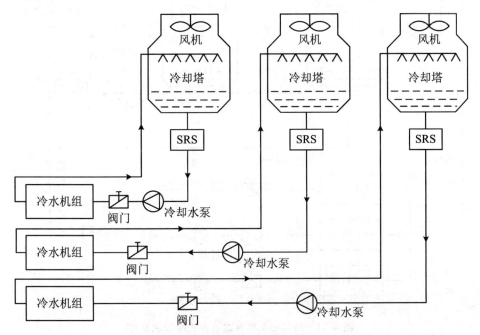

图 4.19　独立式冷却水系统

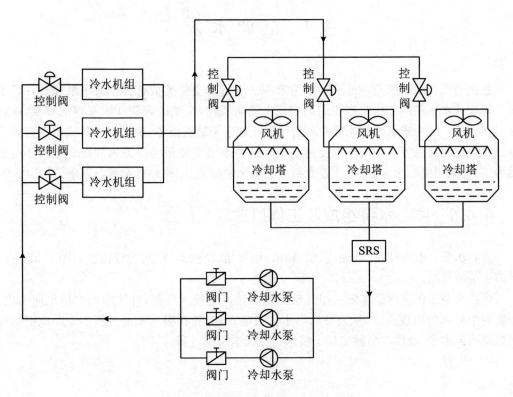

图 4.20　冷却设备并联式冷却水系统

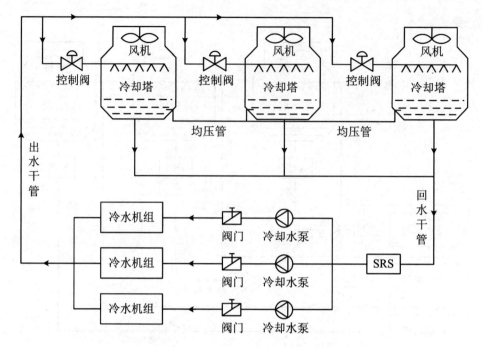

图 4.21 冷却设备串并联混合式冷却水系统

4.4 空调水泵

水泵是空调水系统循环的重要动力来源。水泵的主要类型有容积式水泵和叶片式水泵。容积式水泵利用工作腔容积周期变化来输送液体,常见的容积式水泵有活塞泵、螺杆泵、齿轮泵等;叶片式水泵利用叶片和液体相互作用来输送液体,常见的叶片式水泵有离心泵、轴流泵、混流泵等。城市轨道交通空调系统中水泵主要是为冷冻水和冷却水循环提供动力,一般采用离心水泵,本节主要介绍离心水泵的组成、工作原理和设备要求。

4.4.1 离心水泵组成及工作原理

离心水泵一般由叶轮、外壳、泵轴、轴承、轴封箱、联轴器、轴封装置构成。图 4.22 为一种离心泵结构图。

离心水泵工作原理是水泵利用叶轮高速旋转产生较大压强,叶轮中的水被甩向四周,叶轮的中心部位出现真空,从而使水沿水管被吸入;叶轮在吸入水的过程中不断地把水排向蜗壳进入水管,这样水泵就实现了吸水、压水、送水的过程。

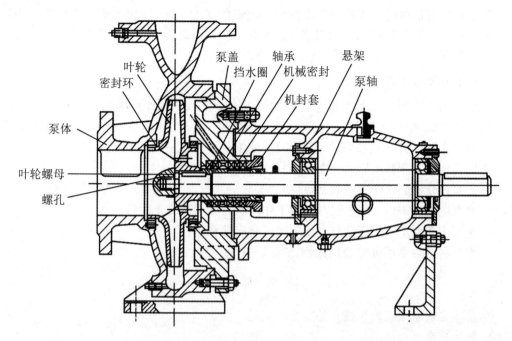

图 4.22 离心水泵结构图

4.4.2 离心水泵各部件及技术性能要求

1. 叶轮

① 叶轮材料应为青铜或不锈钢材质。
② 叶轮应固定,防止出现叶轮旋转时出现周向或轴向移动。
③ 叶轮平衡应按标准进行动、静平衡测试并符合规定要求。
④ 叶片的设计应尽量减少噪声。

2. 电机

① 电机为三相鼠笼式异步电机,应采用高质量产品。
② 电机的绝缘等级为 F 级,防护等级≥IP55。
③ 电源额定电压为 380V/50Hz。
④ 电机的冷却方式采用风冷。
⑤ 正常运行时电机的电流值,不应超过额定电流值。

3. 轴、轴承和轴套

① 轴承应为径向推力轴承、高品质轴承、低噪声轴承,确保整机运行时噪声低,改善使用环境,且耐用性好。
② 轴承应避免把推力传送到电机上;轴承容许的转子轴向位移不得对机械密封的性能产生有害影响。
③ 在容许工作范围内运转时,轴承的额定使用寿命不少于 3 万小时。
④ 泵轴应采用不锈钢材料制作并具有可靠的防腐处理。

⑤ 泵轴应有足够的尺寸和刚性以便传递电机的额定功率，使机械密封工作状况不良和卡住的危险程度降至最低，应对启动方法和有关惯性负荷给予应有的考虑。

⑥ 润滑剂的种类、剂量和更换周期需符合设计要求。

4．离心水泵技术性能要求

① 水泵的工作压力能承受±1.5倍工作压力的试验压力而不渗漏。

② 功率在22 kW以上的离心水泵转速不应超过1500 r/min，运行时噪声应尽量低，符合环保部门要求，机座应提供安装减震设计。水泵配套有减震器和减震支架。

③ 所有水泵必须在工厂组装完整，并进行机械运转试验。

④ 水泵设计参数工作点的效率应≥70%。

⑤ 水泵电机功率应大于水泵在任何工作点所需轴功率的1.1倍。

⑥ 水泵应在额定及实际运行电压下能正常启动和运转。

⑦ 水泵的密封采用机械密封，漏水量≤1～2滴/小时。

技 术 训 练

1. 简述空调水系统的组成及其各系统功能。
2. 简述冷水机组类型。
3. 简述冷冻水系统类型。
4. 简述冷却水系统类型。
5. 简述离心式空调水泵的运行原理。

第5章 城市轨道交通通风空调系统接口

城市轨道交通车站的正常运营是通过各种设备与控制系统来实现的。通风空调系统为乘客及设备运行提供良好的空气环境，是城市轨道交通中的重要组成部分。在城市轨道交通车站内，通风空调系统的运行不是独立的，需要和其他系统进行联动，以实现车站内各设备间的联动控制。与通风空调系统相关的系统主要有BAS系统、低压供电系统、FAS系统及土建系统等。通风空调系统通过接口实现与其他系统之间的配合联动、数据交换功能，其中通风空调系统与BAS系统和低压配电系统的接口较多。

5.1 与BAS系统的接口

BAS系统是楼宇自控系统的简称，是将建筑物或建筑群内的变配电、照明、电梯、空调、供热、给排水、消防等众多分散设备的运行、安全状况、能源使用状况及节能管理实行集中监视、管理和分散控制的建筑物管理与控制系统。

5.1.1 BAS系统监控对象

BAS监控的对象以通风空调系统、防排烟系统及制冷系统为重点，另外还包括给水排水系统、照明系统、乘客导向系统、自动扶梯电梯、屏蔽门、防淹门、与FAS系统接口。BAS系统具有机电设备监控、执行防灾及阻塞模式、环境监控与节能运行管理、环境和设备的管理等功能。对于通风空调系统，BAS系统的监控内容主要有：

① 正常运营模式的判定。
② 消防排烟模式和列车区间阻塞模式的联动。
③ 设备顺序启停。
④ 大功率设备启停的延时配合。
⑤ 主、备设备运行时间平衡。
⑥ 车站公共区和重要设备房的温度调节。
⑦ 节能控制。
⑧ 运营时间、故障停机、启停、故障次数等统计。
⑨ 配置数据接口以获取冷水机组和水系统相关信息。

5.1.2　BAS 系统控制级别

BAS 系统有三级控制模式，分别为中央级控制、车站级控制和就地级控制。

1. 中央级控制

中央级控制是以中央监控网络和车站监控网络为基础的网络系统，是整个 BAS 系统的监控中心，对城市轨道交通通风空调系统进行监控，自动或由控制中心人员向车站下达各种控制运行指令。

2. 车站级控制

城市轨道交通通风空调系统的车站级控制设置在车站控制室内，是 BAS 系统以车站为单位的相对独立的系统。正常工况下，它提供灵活而全面的监控方式与手段，对车站通风空调设备进行监视，向中央控制系统传送信息，执行中央控制室下达的各项命令，实现对车站通风空调系统控制操作的实时监控，并通过先进、实用的控制达到节能与优化控制的目的；非正常情况下，提供方便的协调和调度监控手段来满足和应对特殊的工况需求，并根据中央控制室及触发命令完成模式控制。

车站 BAS 系统功能包括实时监控与联动控制、车站环境参数监控、车站空调系统控制、大系统设备的变频智能控制、设备防灾联动控制、紧急操作、系统安全措施、报警监控与消防联动、系统恢复与保持功能。

3. 就地级控制

城市轨道交通通风空调系统的就地级控制设置在各车站环控电控室，可以实现单台设备就地控制和模式控制。

5.1.3　BAS 监控的设备接口

BAS 系统通过环控电控柜对隧道风机、排热风机、电动组合风阀、组合式空调机组、回排风机、空调新风机、电动多叶调节阀、电动多叶风阀、空气处理机组空调箱、送风机进行监控，还包括隧道风机和排热风机的风机震动监测。其接口位置在车站环控电控室智能低压集成通信接口处，接口类型为 2 路 RS485 通信口，如图 5.1 所示。

1. BAS 系统与隧道通风系统接口

BAS 系统与隧道通风系统接口主要用于对射流风机(JET)、手动排烟防火阀(PYF)、手动防烟防火阀(FHF)等的监控。

BAS 系统与射流风机的接口在射流风机控制柜，接口类型为 RS485；BAS 系统与手动排烟防火阀的接口在阀门执行机构，接口类型为硬线接口；BAS 系统与手动防烟防火阀的接口在阀门执行机构，接口类型为硬线接口。它们的接口如图 5.2 所示。

第5章 城市轨道交通通风空调系统接口

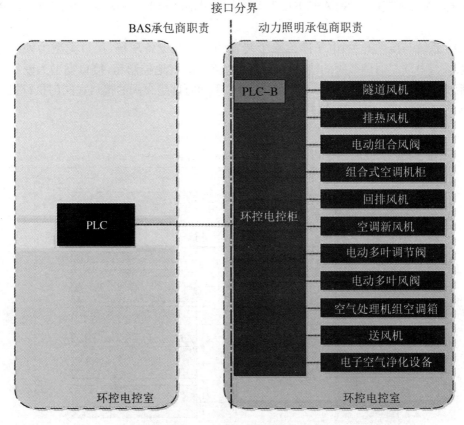

图 5.1 环控电控柜接口

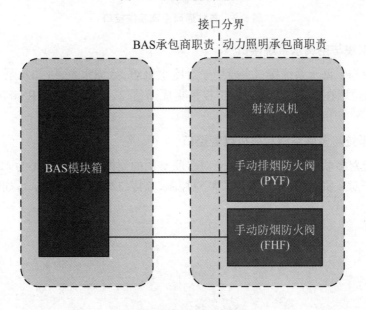

图 5.2 隧道通风设备接口

2. BAS 系统与车站通风空调系统接口

BAS 系统与车站通风空调系统接口主要用于对压差开关、电子净化除尘装置、电动二通调节阀、电动排烟防火阀(APYF)、手动排烟防火阀(PYF)、手动防烟防火阀(FHF)的监控。

BAS系统与压差开关、电子净化除尘装置的接口在设备现场,接口类型为硬线接口;BAS系统与电动二通调节阀的接口在电动二通调节阀就地控制箱,接口类型为硬线接口;BAS系统与电动排烟防火阀、手动排烟防火阀、手动防烟防火阀的接口在阀门执行机构,接口类型为硬线接口。它们的接口如图5.3所示。

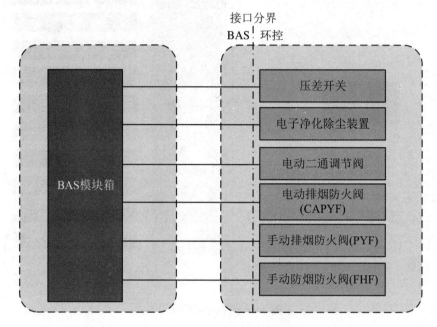

图5.3 车站通风空调系统接口

3. BAS系统与空调水系统接口

BAS系统与空调水系统接口主要用于对冷水机组、冷冻水泵、冷却水泵、冷却塔、水位的监控。接口位置在通风空调电控室群控柜集成通信口,接口类型为RS485通信口,如图5.4所示。

4. BAS系统与多联空调和风机盘管接口

BAS系统对多联空调接口主要用于对多联空调的监控,其接口类型为RS485通信口;BAS系统用于对风机盘管进行开、关监控与控制,其接口类型为硬线接口,如图5.5所示。

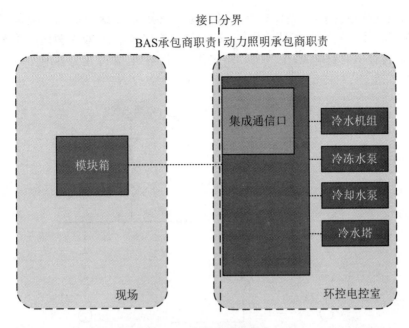

图 5.4 空调水系统接口

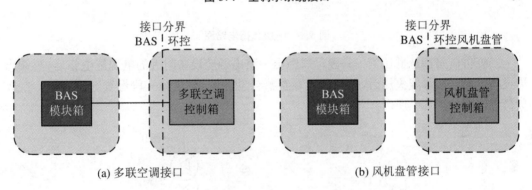

(a) 多联空调接口　　　　　　　　　(b) 风机盘管接口

图 5.5 多联空调和风机盘管接口

5.2 与低压配电系统接口

5.2.1 低压配电系统概述

车站低压配电系统主要为车站范围内的通风空调设备、消防联动设备、给排水设备、电梯及自动扶梯、照明设备和屏蔽门等提供电源。车站低压配电系统主要由低压开关柜、电缆及电线、配电箱等组成。对其基本要求是将 380/220 V 电力安全、可靠、合理地配置给各用电负荷。车站低压配电系统是指从降压变压器二次侧 0.4 kV 低压进线柜进线开关上端到设备配电箱、灯具为止的配电设备和线路。

根据供电连续性要求,车站设备配电可分为一级负荷、二级负荷和三级负荷。一级负荷是指从两段母线分别馈出电源至设备附近的双电源切换箱,经双电源切换箱实现双电源末端切换后,再馈出两路电源,正常时一路工作,一路备用,并可互为备用。一级负荷电路图如图5.6所示。

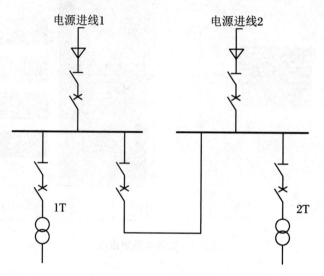

图5.6 一级负荷电路图

二级负荷是指从低压柜中一段母线馈出一路电源至设备附近的电源配电箱后,再馈出给设备。当该段母线失压后,母线分段断路器自动合闸,可由另一段母线继续供电。二级负荷电路图如图5.7所示。

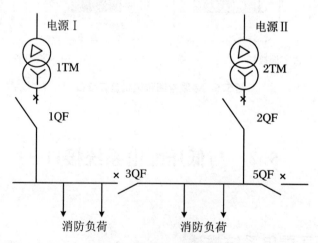

图5.7 二级负荷电路图

三级负荷是指从低压柜中一段母线馈出一路电源至设备附近的电源配电箱后,再馈出给设备。当低压柜任一段母线失压或发生故障时,均联跳中断所有三级负荷设备供电。三级负荷电路图如图5.8所示。

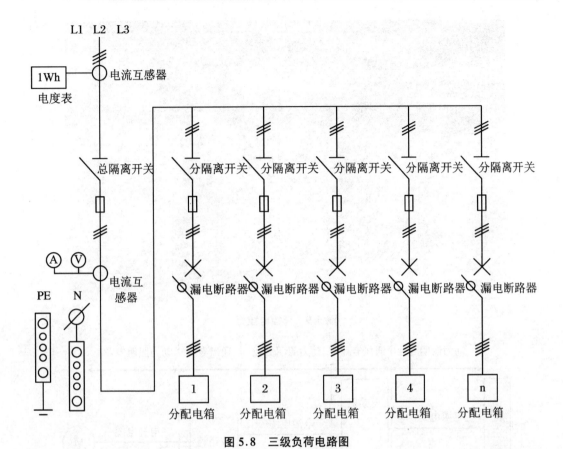

图 5.8 三级负荷电路图

车站通风空调设备,如冷水机组、冷冻水泵、冷却水泵、冷却塔等设备采用三级负荷。

5.2.2 环控电控柜

环控电控柜是一种集中供电和智能控制设备,如图 5.9 所示。轨道交通地下车站一般在站厅层两端各设置一座环控电控室。环控电控室内设环控电控柜,用来接收和分配 0.4 kV 系统的电能,负责通风空调设备,如空调机组的送风机、排风机、电动风阀、制冷机组、冷却水泵、冷却塔等空调设备的集中供电和智能控制。

通风空调电控柜负责为事故风机、排热风机、大系统空调机组、大系统回排风机、阀门电源配电,不负责控制;负责射流风机、空调机组、排烟风机、送排风机、冷冻泵等配电和控制。图 5.10 为环控电控柜与通风空调设备的接口。

图 5.9　环控电控柜

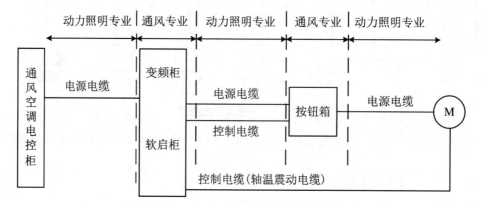

图 5.10　环控电控柜与通风空调设备接口

5.3　通风空调系统重要设备接口功能

　　城市轨道通风空调系统设备种类较多，包括专用风机、风阀、消声器、冷水机组、冷冻水泵、冷却水泵、空调机组、多联空调、冷却塔等设备。通风空调系统设备的安装需土建施工完成并达到标准后才能进行。下面以合肥市城市轨道交通车站内通风空调系统设备为例进行讲解。

5.3.1 风机

风机与 BAS 系统无直接物理接口，间接接口在环控电控柜处。环控电控柜负责将风机状态、与风机联锁的风阀状态反馈给 BAS 系统。风机通过环控电控柜接受 BAS 系统的监控。风机自带变频/软启控制柜与 BAS 的物理接口在自带控制柜的通信口和接线端子处，并由其负责将风机状态、与风机联锁的风阀状态、风机震动、轴温状态等信息反馈给 BAS 系统。风机通过自带的变频/软启柜接受 BAS 系统的监控。

(1) TVF 风机

控制：正转启动、反转启动、正反转切换、停止等。

显示：正转运行、反转运行、停止、故障、轴承温度、震动监测值、电机绕组温度等。

(2) UPE/OTE 风机

控制：工频启动、变频启动、停止、变频到工频切换等。

显示：工频运行、变频运行、停止、故障、轴承温度、震动监测值、电机绕组温度等。

(3) 射流风机

控制：正转启动、反转启动、正反转切换、停止等。

显示：正转运行、反转运行、停止、故障等。

(4) 车站风机

控制：启动、停止等。

显示：运行、停止、故障、轴承温度等。对于回/排风机，运行有工频运行、变频运行。

5.3.2 空调机组

1. 空调机组与 BAS 系统接口

空调机组与 BAS 系统无直接物理接口，间接接口在通风空调电控柜（MCC 柜）处。组合式空调机组通过自带控制柜接受 BAS 系统的监控。监控基本内容如下：

控制：风机启、停，净化消毒装置的启、停。

显示：风机工频/变频运行、停止、故障等，空气净化消毒装置运行、停止、故障、过滤网压差信号等。

2. 空调机组与低压配电系统接口

低压配电系统负责为组合式空调机组电机提供 380 V/50 Hz/三相、电压波动 ±10%、频率波动 ±5% 的电源；组合式空调机组的内部照明所用的 24 V 直流电源应由机组自带的整流变压器提供。

低压配电系统负责为空调机组空气净化消毒装置控制箱提供 220 V/50 Hz/三相、电压波动 ±10%、频率波动 ±5% 的电源。供电电源为国内标准电源（三相交流），所选电气组件完全满足国内的电源环境，可在电压波动 ±15%、频率波动 ±5% 的条件下安全运行。

5.3.3 冷水机组设备

1. 冷水机组设备与 BAS 系统接口

① BAS 通过群控系统对冷水机组进行启停控制,并监视冷水机组群控系统(含冷水机组、冷冻泵、冷却泵、冷却塔风机、电动蝶阀、水处理设备、定压补水装置、加压装置等)的状态和运行参数。

② BAS 根据时间表实现每天自动启停群控系统。

③ 冷水机组群控系统开停顺序控制及启停联锁方案如下:

设备开启顺序为:开冷冻水泵→开冷却水泵→开冷却塔风机→开冷水机组。

设备关闭顺序为:停冷水机组→停冷却塔风机→停冷却水泵→停冷冻水泵。

④ BAS 发出的控制指令为非强制性的,冷水机组群控系统应在保证自身设备安全的情况下执行,避免强制性启停造成设备损坏及使用周期的缩短。

2. 冷水机组设备与低压配电系统接口

低压配电系统为冷水机组提供 380 V/50 Hz/三相、电压波动 ±10%、频率波动 ±5% 的电源,负责提供动力电缆并敷设到冷水机组自带配电柜内进线电源接线端子排。冷水机组与低压配电系统的接口在自带控制箱、群控柜的进线开关上方。

技 术 训 练

1. 简述 BAS 系统对城市轨道交通通风空调系统的作用。
2. 简述一级负荷、二级负荷、三级负荷的区别。
3. 简述 BAS 系统的控制模式种类及其功能。
4. 简述冷水机组的开启和关停顺序。

应用篇

第6章 城市轨道交通通风空调安装要求

城市轨道交通通风空调系统可分为六大类,分别为:区间隧道通风系统设备,包括隧道风机、射流风机、推力风机、组合式风阀、组合式消声器等设备;站台隧道通风系统设备,包括隧道排热风机、组合式风阀、组合式消声器等设备;站厅、站台公共区通风空调大系统设备,包括组合式空调机组、风机盘管、回排风机、新风机、风阀、消声器、风管、风口等设备及管路;管理用房及设备用房的通风空调小系统设备,包括柜式空调器、风机盘管、风机、风阀、消声器、风管、风口等设备及管路;制冷及水系统设备,包括冷水机组、水泵、冷却水泵、阀门、水管路等设备及管路;防排烟系统设备,包括排烟风机、风阀、风管、风口等设备及管路。

6.1 风管安装

风管是城市轨道交通通风空调系统风的流通路径,风管的好坏直接影响通风空调系统运行效果。风管外形如图6.1所示。

图6.1 风管

6.1.1 风管质量要求

1. 工作压力要求

风管在试验压力下保持 5 min 及以上时,接缝处应无开裂,整体结构应无永久性的变形及损伤。试验压力应符合下列规定:

① 低压风管应为 1.5 倍的工作压力。

② 中压风管应为 1.2 倍的工作压力,且不低于 750 Pa。

③ 高压风管应为 1.2 倍的工作压力。

④ 矩形金属风管的严密性检验,在工作压力下的风管允许漏风量应符合表 6.1 的规定。

表 6.1 风管允许漏风量

风管类别	允许漏风量[$m^3/(h \cdot m^2)$]
低压风管	$Q_1 \leqslant 0.1056\ P^{0.65}$
中压风管	$Q_m \leqslant 0.0352\ P^{0.65}$
高压风管	$Q_n \leqslant 0.0117\ P^{0.65}$

2. 防火要求

防火风管的本体、框架与固定材料、密封垫料等必须采用不燃材料,防火风管的耐火极限时间应符合系统防火设计的规定。

复合材料风管的覆面材料必须采用不燃材料,内层的绝热材料应采用不燃或难燃且对人体无害的材料。

6.1.2 风管系统安装要求

1. 风管系统支、吊架的安装要求

① 预埋件位置应正确、牢固可靠,埋入部分应去除油污,且不得涂漆。

② 风管系统支、吊架的形式和规格应按工程实际情况选用。

③ 直径大于 2000 mm 或边长大于 2500 mm 的风管的支、吊架安装,应按设计要求执行。

2. 风管安装要求

① 风管内严禁其他管线穿越。

② 输送含有易燃、易爆气体或安装在易燃、易爆环境下的风管系统必须设置可靠的防静电接地装置。

③ 输送含有易燃、易爆气体的风管系统通过生活区或其他辅助生产房间时不得设置接口。

④ 室外风管系统的拉索等金属固定件严禁与避雷针或避雷网连接。

⑤ 当风管穿过需要封闭的防火、防爆的墙体或楼板时,必须设置厚度不小于 1.6 mm 的钢制防护套管,风管与防护套管之间应采用不燃柔性材料封堵严密。

⑥ 外表温度高于 60 ℃,且位于人员易接触部位的风管,应采取防烫伤的措施。

3. 净化空调系统风管的安装要求

① 在安装前,风管、静压箱及其他部件的内表面应擦拭干净,且应无油污和浮尘。

② 法兰垫料应采用不产尘、不易老化,且具有一定强度和弹性的材料,厚度应为 5~8 mm,不得采用乳胶海绵。法兰垫料宜减少拼接,且不得采用直缝对接连接,不得在垫料表面涂刷涂料。

③ 风管穿过洁净室(区)吊顶、隔墙等围护结构时,应采取可靠的密封措施。

4. 风管部件的安装要求

① 风管部件及操作机构的安装应便于操作。

② 斜插板风阀安装时,阀板应顺气流方向插入;水平安装时,阀板应向上开启。

③ 止回阀、定风量阀的安装方向应正确。

④ 防火阀、排烟阀(口)的安装位置、方向应正确。位于防火分区隔墙两侧的防火阀,距墙表面不应大于 200 mm。

5. 风口的安装要求

风口的安装位置应符合设计要求,风口或结构风口与风管的连接应严密牢固,不应存在可察觉的漏风点或部位,风口与装饰面贴合应紧密。

风管系统安装完毕后,应按系统类别要求进行施工质量外观检验。

6.1.3 风管系统安装步骤

1. 预检风管

各种风管安装材料应具有出厂合格证明书或质量鉴定文件及产品清单。风管成品不许有变形、扭曲、开裂、孔洞、法兰脱落、法兰开焊、漏铆、漏打螺栓眼等缺陷。

2. 风管排列

将各段加工好的风管,按施工图进行排列,为连接做好准备。

3. 风管连接

应用广泛的风管连接方式是法兰连接。法兰连接时,按设计要求放置垫料,法兰垫料不能挤入或凸入管内,否则会增大流动阻力,增加管内积尘。

4. 风管及其部件安装

根据施工现场情况,通常在地面连成一定的长度,然后采用吊装的方法就位。一般安装顺序是先干管后支管。风管各类调节装置应安装在便于操作的部位。防火阀安装的方向位置应正确,易熔件应迎气流方向。止回阀宜安装在风机压出端,开启方向必须与气流方向一致。

5. 安装就位找平找正

风管安装找平找正可用吊架上的调节螺钉或在托架上加垫。水平干管找平找正后,应可进行支、立管的安装。

风管系统安装步骤如图 6.2 所示。

图 6.2 风管系统安装步骤

6.2 风机设备安装

6.2.1 风机安装要求

① 风机叶轮旋转应平稳,每次停转后不应停留在同一位置上。

② 有正、反转要求的隧道风机,叶轮正、反转均应平稳。

③ 隧道风机吊装机应能满足风机重量吊装要求,保证吊装安全可靠。

④ 风机底座采用隔震器的风机基础顶面应平整,各组隔震器的压缩量应均匀,高度偏差不大于 2 mm;基础顶面要设置底座水平方向的限位装置,但不得妨碍底座垂直方向的运动;固定风机的地脚螺栓应拧紧,并有防松措施。

⑤ 吊式安装的风机减震器的安装形式应符合设计要求;吊杆宜焊在预埋钢板上;采用膨胀螺栓固定时,每根吊杆顶端应设型钢,并用不少于两个膨胀螺栓固定型钢。

⑥ 在用起吊机高空搬运风机时,应保证风机受力点平衡,不可使风机设备产生倾斜而掉落;应充分考虑吊车钢丝绳索的承载能力;与机壳边接触的绳索,在棱角处应垫好柔软的材料,防止磨损机壳及绳索被切断。

⑦ 风机设备不可淋雨。

⑧ 安装前应检查风机各个部件是否齐全、完好;叶轮和风管或机壳是否因运输而损坏变形;各零部件连接是否紧固。如发现问题应及时修复、调整后方可安装使用。

⑨ 风机安装必须依照铭牌箭头所示的气流方向和叶轮旋转方向正确安装,并与通风空调系统要求的送风、排风方向一致。

⑩ 风机安装完后,检查叶轮转动是否灵活,有无碰撞、摩擦等导常声响;检查通风管道内有无杂物,以免调试时进入风机打坏叶轮;检查电动机、传动轴的润滑情况,检查电机或传动轴的轴承温度报警装置(如果有)以及风机的电控系统中电路、仪器仪表是否完好,以保证风机能随时启动、正常运行。

⑪ 带变频器或软启动器控制的风机应按变频器或软启动器操作说明书上的步骤进行电路连接,并进行软启动器启动电流、正转停机时间、变频器启动加速斜坡时间、正转制动时间等设置。

6.2.2 风机安装步骤

① 风机开箱检查。风机开箱检查时,首先应根据设计图核对名称、型号、机号、传动方式、旋转方向和风口位置等部分进行检查。

② 基础验收、放线。风机安装前应根据设计图纸、产品样本或风机实物检查设备基础是否符合设备的尺寸、型号要求。设备基础的位置、几何尺寸和混凝土强度、质量应符合设计规定,并应有验收资料。设备基础表面和地脚螺栓预留孔中的杂物、积水等应清除干净;预埋地脚螺栓的螺纹和螺母应保护完好。

③ 风机搬运和吊装。由于风机比较重,在平台上或较高的基础上安装时,可用滑轮或倒链进行吊装。根据现场具体条件,滑轮或倒链一般可悬挂在梁柱上,如果风机较大,应与土建联系,确定梁柱能否承受风机吊装时的受力。

④ 风机试运转。经过全面检查,确定供应电源相序正确后方可送电试运转,运转前必须加上适度的润滑油,检查各项安全措施,叶轮旋转方向必须正确。在额定转速下试运转时间不得少于2 h。运转后,再检查风机减震基础有无移位和损坏现象,做好记录。

6.3 风阀和消声器安装

6.3.1 风阀安装要求

① 风阀安装前应对其执行机构做动作试验,检查动作是否灵活,安装中应保证阀体不变形,安装后阀门开启关闭应灵活。

② 各种风阀应安装在便于操作和检修的部位;防火阀的信号装置、调节机构、执行机构处应有操作和维护空间;安装后的手动和电动操作装置应灵活、可靠,阀板关闭严密,防火阀长边≥630 mm时,应设置独立支吊架;阀的下部吊顶应设检查口。

③ 土建风道组合式风阀安装,应提前40天通知制造厂家到现场测量,制造厂家根据实测土建风道尺寸,按设计要求制作组合式风阀。

④ 组合式风阀安装在结构墙体时,应设支撑框架,框架表面应平整、尺寸准确、四角方正、横平竖直、焊缝饱满;框架与预埋件焊接牢固,框架与结构墙体间应填充密封材料。

⑤ 组合式风阀与框架的连接应牢固可靠,不漏风。

⑥ 组合式风阀的执行机构及联动装置动作可靠,阀板或叶片的开启角度一致,关闭严密,并与输入、输出信号同步。

⑦ 与风阀连接的风管法兰螺栓孔,可现场配钻,以免错位。

⑧ 防火阀靠墙(楼板)安装时,离墙(楼板)距离不能超过200 mm。

⑨ 设置防火阀的风管在离墙(楼板)2 m范围内采用非燃烧材料保护,厚度为30 mm的防火阀与隔墙(板)间20 mm范围的内风管采用2 mm厚钢板制作。

⑩ 防火阀安装气流方向必须与阀体上箭头标示方向一致。

6.3.2　消声器安装要求

① 组合式消声器与结构壁面结合牢固,在设计风量下不得出现松动或震动现象。
② 土建风道组合式消声器安装,应提前 40 天通知制造厂家到现场测量,制造厂家根据实测土建风道尺寸制作组合式消声器。
③ 消声器应设置独立支、吊架。
④ 消声器安装前要保持干净。
⑤ 消声器构件运达现场后,需及时搬运至室内安装消声器的位置,避免将消声器存放室外。

6.4　空气处理设备安装

6.4.1　空气处理设备安装要求

① 大体积、重量大的组合式空调机组宜现场组装,各功能段的组装顺序应符合设计要求;各功能段的连接应严密,整体机组安装完毕后,应做漏风量的检测,机组内应清扫干净,过滤网应清洁、完好。
② 整体安装的大体积组合式空调机组进入地下站到达安装位置的运输路线需事先确定,保证运输安全、可行,不损坏机组。
③ 机组与供回水管的连接应正确;机组下部冷凝水排放管的水封高度应符合设计要求。
④ 机组的土建基础平台高 200 mm,应平整,对角线误差不大于 5 mm,基础周边应设排水沟。
⑤ 确保机组周围有足够空间,以利于检修。

6.4.2　空气处理设备安装步骤

1. 设备基础的施工与验收

设备基础施工后,土建单位和安装单位应共同对其质量进行检查,待确认合格后,安装单位应进行验收。

2. 设备开箱检查

建设单位和设备供应部门共同进行开箱检查。开箱前先核对箱号、箱数量是否与单据提供的相符。然后对包装情况进行检查,查看有无损坏与受潮等。开箱后认真检查设备名称、规格、型号是否符合设计图纸要求,产品说明书、合格证是否齐全。按装箱清单和设备技术文件,检查主机附件、专用工具等是否齐全,设备表面有无缺陷、损坏、锈蚀、受潮等现象。打开设备活动面板,用手盘动风机检查有无叶轮与机壳相碰的现象、风机减震部分是否符合要求。将检验结果做好记录,参与开箱检查责任人员签字盖章,作为交接资料和设备技术档案依据。

3. 设备现场运输

设备水平搬运时应尽量采用小拖车运输。设备起吊时,应在设备的预设起吊点着力,吊装无预设起吊点时,起吊点应设在金属空调箱的基座主梁上。

4. 空调机组分段组对安装

安装时首先检查金属空调箱各段体与设计图纸是否相符,各段体内所安装的设备、部件是否完备无损,配件必须齐全。准备好安装所用的螺栓、衬垫等材料和必需的工具。安装现场必须平整,加工好的空调箱槽钢底座就位(或浇注的混凝土墩),并找正找平。当现场有几台空调箱安装时,应分清左式、右式。段体的排列顺序必须与图纸相符。安装前对各段体进行编号。

5. 整体机组安装

空调机组安装的地方必须平整,一般应高出地面100~150 mm。空调机组如需安装减震器,应严格按设计要求的减震器型号、数量和位置进行安装。空调机组的冷却水系统、热水管道及电气动力与控制线路,由管道工和电工安装。空调机组制冷机如果没有充注氟利昂,应在高级工或厂家指导下,按产品使用说明书要求进行充注。

6.5 冷水机组安装

6.5.1 冷水机组安装要求

① 冷水机组安装的位置、标高和管口方向必须符合设计要求。
② 冷水机组地脚螺栓固定必须拧紧,并有防松措施;安装隔震器的位置应正确,每组隔震器的压缩量应均匀,高度偏差不大于2 mm。
③ 冷水机组安装机身纵向、横向水平度的允许偏差为1‰。
④ 冷水机组的搬运和吊装应符合产品说明书要求,保证机组及部件不受损伤。
⑤ 冷水机组的严密性试验和试运行的技术数据,均应符合设备技术文件的规定。

6.5.2 冷水机组安装步骤

1. 基础检查与验收

设备基础施工后,土建单位和安装单位应共同对其质量进行检查,待确认合格后,安装单位应进行验收。

2. 设备开箱检查

施工单位请业主、设计、监理、使用单位共同到现场开箱验收。按照装箱单和技术文件逐一清点、登记和检查,清点设备的零件、附件数量,检查设备外观是否有锈蚀和损坏的现象。检查说明书、出厂合格证,并形成检查记录、签字确认。

3. 设备安装就位

① 设备就位:将开箱后的设备搬到设备基础上,设备就位前须将基础表面及螺栓孔内的泥土、污物清理干净,根据施工图等用墨线按建筑物的定位轴线对设备的纵横中心线放线,定出设备安装的准确位置。

② 设备找正:将设备上位到规定的部位,使设备的纵横中心线与基础上的中心线对正。设备如不正,再用撬杠轻轻撬动、打进斜铁、千斤顶推移、手拉葫芦等方法进行调整,使两中心线对正。

③ 设备找平:通过仪器、机具和各种方法,使设备处于设计要求的平面内。找平的主要工具是水平仪,并且要选好一个或几个基准面。

6.6 冷却塔安装

6.6.1 冷却塔安装要求

① 冷却塔安装必须注意防火安全。

② 冷却塔安装应保证其水平,水平度和垂直度允许偏差均为 2‰;同一冷却水系统有多台冷却塔安装时,各冷却塔的水面高度应一致,高度差不大于 30 mm;应有检修通道。

③ 冷却塔基础标高应符合设计要求,允许误差为 ± 20 mm,地脚螺栓固定应牢固;各连接部件采用镀锌或不锈钢螺栓。

④ 冷却塔风机叶片与塔体的间隙应均匀。

⑤ 冷却塔基础尺寸要准确无误,基础水平的误差不得超过 3 mm。连接垫板(钢垫板)要与基础水平相平。

6.6.2 冷却塔安装步骤

1. 基础复验

混凝土基础应按设计要求浇筑完成,其强度应达到承重安装要求;基础预埋钢板或地脚螺栓埋设应与冷却塔支柱生根点一致。基础复验应填写交接检查记录和设备基础复核记录。混凝土基础表面应平整,各支柱支脚基础标高应位于同一水平面标高上,高度允许误差为 ± 20 mm。

2. 冷却塔运输吊装

① 核实设备与运输通道的尺寸,保证设备运输通道畅通。

② 复核设备重量与运输通道的结构承载能力,确保结构梁、柱、板的承载安全。
③ 设备运输应采取防震、防滑、防倾斜等安全保护措施。
④ 采用的吊具应能承受吊装设备的整个重量,吊索与设备接触部位应衬垫软质材料。
⑤ 设备应捆扎稳固,主要受力点应高于设备重心,具有公共底座设备的吊装,其受力点不应使设备底座产生扭曲和变形。

3. 冷却塔就位安装

① 塔体立柱与基础预埋件和地脚螺栓连接时,应找平找正,连接稳定牢固。
② 冷却塔的安装位置应符合设计要求,进风侧距建筑物应大于 1000 mm。
③ 冷却塔的填料安装应码放平整、疏密适中、间距均匀,四周与冷却塔内壁紧贴,块体之间无空隙。
④ 单台冷却塔安装水平度和垂直度允许偏差均为 2‰。同一冷却水系统有多台冷却塔安装时,各台冷却塔的水面高度一致,高度差不应大于 30 mm。
⑤ 冷却塔积水盘应无渗漏,布水器应布水均匀。
⑥ 风机叶片端部与塔体四周的径向间隙应均匀。

4. 配管安装

① 与冷却塔连接的管路上应按设计及产品技术文件的要求安装过滤器、阀门、仪表等,位置应正确,排列应规整。
② 设备与管道连接应在管道冲洗合格后进行。
③ 管道应设置独立支吊架。
④ 压力表距阀门位置不宜小于 200 mm。

5. 质量检查

检查数量:全数检查。检查方法:尺量、观察检查、积水盘做充水试验或查阅试验记录。

6. 试运转

清扫冷却塔内的杂物,并用清水冲洗填料中的灰尘和杂物,防止冷却水管路或冷凝器等堵塞。将冷却塔和冷却水管路系统用水冲洗干净,在冲洗过程中不能将水通入冷凝器中,应采用临时的短路措施,待管路冲洗干净后,再将冷凝器与管路连接。检查自动补水阀是否处于动作灵敏准确状态。对于横流式冷却塔配水池的水位,以及逆流式冷却塔旋转布水器的转速等,应调整到进塔水量适当,使喷水量和吸水量达到平衡状态。确定风机的电机绝缘状况良好,风机的旋转方向正确,电机的控制系统动作正确。

冷却塔试运转时,应检查风机的运转状态和冷却水循环系统的工作状态,并记录运转中的情况及有关数据。如无异常,连续运转时间不少于 2 h 为合格。

6.7 水泵安装

6.7.1 水泵安装要求

① 水泵安装的平面位置和标高允许偏差为 ±10 mm,安装的地脚螺栓应牢固。
② 隔震垫位置安装应正确。
③ 管道与水泵的连接法兰端面应平行、对中,采用柔性连接,并设置支、吊架,防止管道直接压在水泵上。

6.7.2 水泵安装步骤

1. 基础复验

施工前,应对土建施工的基础进行复查验收,特别是基础尺寸、标高、轴线、预留孔洞等应符合设计要求。基础表面平整、混凝土强度达到设备安装要求。

2. 隔震器安装

水泵的隔震,经常采用隔震垫或减震器。水泵的橡胶隔震垫适用于电机功率小于110 kW、工作环境温度小于 42 ℃的卧式离心水泵。水泵固定采用锚固式时,应根据水泵螺栓孔位置在混凝土基础中预留钢板,将地脚螺栓焊在钢板中心。隔震垫与钢筋混凝土基础表面均不黏结。水泵基座各支撑点的橡胶隔震垫数量应为偶数,按水泵的中轴线布置在基座的四周,各支撑点荷载应均匀。同一水泵各支橡胶隔震垫的面积、硬度、层数应完全一致。

减震器应按设计或标准图要求的位置放置,其旁放置大于减震器高度的垫块,然后吊装水泵安装就位,待升起后座后撤去垫块。进行水泵调整找平、配管施工时,在台座减震器旁放置与减震器高度相同的垫块,待水泵调整、配管完成后将垫块撤除。

3. 水泵就位

① 水泵安装前,进行水泵的开箱检查。
② 水泵吊装时,吊钩、索具、钢丝绳应挂在底座或泵体和电机的吊环上,不允许挂在水泵或电机的轴、轴承座或泵的进出口法兰上。
③ 水泵就位在基础上,装上地脚螺栓,用平垫铁和斜垫铁进行水泵的找平找正,并拧上地脚螺栓的螺母。
④ 用水平仪和线坠在水泵进出口法兰和底座加工面上测量,对水泵进行精平工作,整体安装的水泵纵向水平度偏差不应大于 0.1‰,横向水平度偏差不应大于 0.2‰。
⑤ 水泵与电机采用联轴器连接时,用百分表在联轴器的轴向和径向进行测量和调整,联轴器两轴心允许偏差、轴向倾斜不应大于 0.02%,径向位移不应大于 0.05 mm。

4. 配管安装

与水泵进、出连接的管道应在不影响水泵运行和维修的位置设置独立的支吊点。管道应在试压和冲洗完毕后再与水泵连接。与水泵入口相连的管路上应设置过滤器。与水泵进、出口相连管路的直径均应大于水泵的入口和出口直径。使用变径管时,变径管的长度应在变径管两端大小管径差的 5~7 倍以上。

选用的橡胶接头的工作压力要符合设计要求,橡胶软接头安装应符合要求。

5. 水泵试运转

水泵和附属系统的部件安装应已完成。与需要冲洗的管道系统连接的管路已关闭。水泵螺栓连接部位紧固。叶轮转动轻便灵活、正常,没有卡碰等异常情况。轴承已加润滑油,所用的润滑油符合设备技术文件的规定。水泵与附属管路系统阀门经检查和调整后符合设计要求。水泵运转前应将入口阀门全开、出口阀门全闭,水泵启动后,再将出口阀门打开。

水泵初次启动应采用点动方式,检查叶轮与泵壳有无摩擦和其他不正常的声音,并检查水泵的旋转方向是否正确。

6.8 变频多联机空调安装

6.8.1 变频多联机空调安装要求

① 室内机在安装前应检查每台电机壳体及表面交换器有无损伤、锈蚀等缺陷。
② 室内机应逐台进行通电试验检查,机械部分不得有摩擦,电气部分不得漏电。
③ 安装时检查核对室内机型号,应留有足够的维修空间。
④ 根据设计图纸和装修要求定出室内机纵、横方向的安装基准线和标高。
⑤ 室内机用 4 根圆钢吊杆吊装,吊架安装平整牢固、位置正确。与吊顶天花板的接合处呈直线状态。吊杆不应自由摆动,吊杆与托盘相连处应用双螺母紧固、找平找正。
⑥ 供电电源接线按相关规定进行,做好绝缘保护,并有良好的接地措施。
⑦ 凝结水管采用软性连接,软管长度不大于 300 mm,材质宜用透明胶管,并用喉箍紧固,严禁渗漏,凝结水应畅通地流到指定位置,无积水现象。
⑧ 室内机安装牢固,纵、横向水平度偏差小于 1‰。
⑨ 室内机安装时,留出 600 mm×600 mm 的检查孔。
⑩ 室外机安装时,周边空间应满足冷却风循环,并有足够的维修空间。
⑪ 用螺栓固定室外机,并加隔震垫,检查基础牢固强度,避免产生震动和噪声。
⑫ 室外机凝结水排水应畅通。
⑬ 室外机供电电源接线按相关规定进行,做好绝缘保护,并有良好的接地措施。
⑭ 采用氮气进行气密性测试,将液体和气体管道加压至 2.8 MPa,如果压力在 24 h 内不下降,则系统测试合格;如果压力下降,应检查氮气从何处泄漏,并处理。

6.8.2 变频多联机空调安装步骤

1. 材料采购和设备检查

① 工程图纸已说明的材料(铜管、保温管、PVC 管、电源线、空气开关等)按说明采购。
② 工程图纸没有说明的材料按实际工程量采购(例如吊架、线槽等材料)。
③ 检查室外机、室内机的各种配件是否备齐。

2. 安装室内机

① 电源线和通信线分开布线,至少间隔 10 cm 以上,避免用力过大拉断通讯线,有多套机组时请做好标识。合上室内、外机电源,没有"通信线故障 E6"显示,同一套机组室内机地址拨码唯一,线控器地址拨码与对应室内机地址拨码相同。
② 选择远程监控模式,集中控制器和通信模块的安装应避开干扰源。
③ 电源线规格一定要满足要求,同一机组的室内机必须统一供电。
④ PVC 管规格一定要满足要求,顺水流方向应有一定的坡度。安装完,后进行水检,水检合格后才能对排水管保温。
⑤ 按静压设计风管长度,回风口应设计合理,防止设计过小。

3. 安装连接管

① 铜管规格应满足要求,保证管道内干燥、清洁。在焊接管道时,一定要充氮气保护,遵循焊接工艺,保证系统不泄漏。液管侧应加装一个双向过滤器。多系统时,对系统进行标记。
② 焊接完后进行吹洗、保压检漏。将系统吹洗干净,保压 24 h;排除温度的影响,压力降在 0.02 MPa 以内为合格。

4. 安装室外机

① 正确选择安装位置。
② 根据地脚螺钉孔位和室外机尺寸建筑基础。
③ 做好减震装置。
④ 搬运室外机时防止剧烈碰撞,倾斜角度不能大于 15 度。

5. 室内机和室外机的连接

拧紧连接螺母,做好室外连接管、通信线和电源的保护工作。

6. 保压检漏

保压 24 h,排除温度的影响,压力降在 0.02 MPa 以内为合格。
多联机空调具体安装流程如图 6.3 所示。

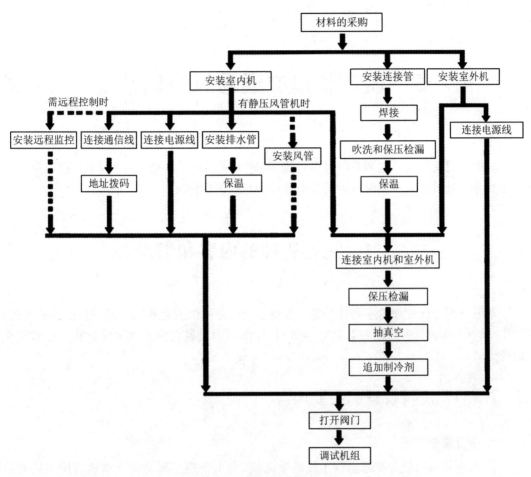

图 6.3　多联机空调安装流程

技 能 训 练

1. 在风管安装过程中需要做哪些检测和试验？
2. 风管安装流程是什么？
3. 空气处理器安装步骤是什么？
4. 冷水机组的安装步骤是什么？
5. 水泵安装步骤是什么？
6. 变频多联空调的安装步骤是什么？

第 7 章　城市轨道交通通风空调系统运行管理

城市轨道交通通风空调系统设备种类、品牌型号多样。为便于介绍,本章以合肥城市轨道交通1号线通风空调设备运营维护管理为基础进行讲解。

7.1　运行管理的内容和组织

通风空调运行管理的主要任务是负责轨道交通范围内所有通风空调设备设施的巡视、操作、保养和维修,使之能持续、高效地运行,保证不因设备设施出现故障导致城市轨道交通受到影响。

7.1.1　运行管理的主要内容

1. 运行安全管理

① 安全是城市轨道交通运营工作的生命线,安全管理工作必须严格执行国家的有关安全生产法规、法令,并根据实际情况制定有关规章,严格遵循。

② 应坚持"安全第一,预防为主"的方针,把安全工作放在重中之重,落到实处。

③ 机电设备维修人员必须认真执行"三不动"(未联系登记好不动,对设备性能、状态不清楚不动,正在使用中的设备不动)、"三不离"(维修完不复查试验好不离开,发现故障不排除不离开,发现异状、异味、异声不查明原因不离开)、"四不放过"(事故原因未查清不放过,事故责任人未受到处理不放过,事故责任人和周围群众没有受到教育不放过,事故指定的切实可行的整改措施未落实不放过)、"三级施工安全措施"等基本安全生产制度。

④ 在安排维修作业时,应有安全防范措施,并严格遵守有关技术作业安全规定。

⑤ 各特殊工种必须持证上岗,并进行必要的岗前培训,上岗证应按规定进行年审。

⑥ 各层级都应设专职或兼职安全员负责安全工作及监控,形成安全管理网络。

2. 计划管理

① 维修计划的制订与实施以系统设备的修程、维修周期、技术条件、故障情况等为依据。

② 根据系统设备的特性和现状制订相应的维修计划(包括委外维修计划)。

③ 设备年度维修计划应均衡安排,每年的年度维修计划应根据上年度维修计划的完成情况进行相应的调整,并在规定时间内编制年度维修计划申报表,申报批准后执行。

④ 设备月度维修计划是年度维修计划的分解,由专业工程师按时完成编制工作,经报

批后执行。

⑤ 年度、月度维修计划中应有工时、材料等的消耗定额,应在实际报表上反映出来。

⑥ 年度、月度维修计划应严格认真执行,未经批准不得擅自更改,因客观原因影响计划执行时,应按审批程序申请修改。

⑦ 专业工程师每月应对所辖设备维修计划的实施及完成情况进行跟踪,保证计划按质量完成。

3. 技术管理

① 在上级技术部门的指导下进行相应的维修技术管理工作,专业技术人员应做好有关技术工作。

② 技术人员应对通风空调设备的技术文本及技术档案、竣工资料进行全面归档,加强对技术文件、技术资料及相关标准化文本的管理,确保维修工作的需要。

③ 技术人员积极配合技术部门做好对设备技术状态的检查工作,并反馈设备运行信息,针对维修工作中出现的技术难题,积极快速提供技术支援。

4. 运行档案管理

① 专业设计图纸、设计变更通知、供货商提供的设备图纸和使用说明书等设备的竣工资料集中存放资料室,常用的图纸、资料可将其复印件存放在生产部门的资料室以便查阅。

② 设备安装说明、操作手册、维修手册、竣工资料、调试记录、系统设备的原始数据都要合理保存。运行后的维修记录、故障记录等按类归档收集后保存,尽可能做成标准的电子文档,以便于保存、查阅及数据分析。

③ 对重要数据的重要运行参数(只能反映设备运行状态与效率的相关参数),进行定期收集整理,并做成标准的电子文档,以便于保存、查阅及数据分析。

④ 建立设备运行故障记录,记录设备在运行过程中的故障,以便跟踪分析。

⑤ 记录设备计划维修情况,记录设备故障处理情况,记录配合外单位对该设备作业的情况。

⑥ 专业技术人员对上述各项记录进行定期和不定期检查、整理及更新,做到每季度检查两次,保证各项记录完整、清晰。

5. 设备质量管理

① 设备维修过程中及完成后,维修人员应按照设备的检修标准与技术要求,对该设备所规定的维修内容进行检查,并且做好检查、维修记录。

② 设备维修后其使用功能及测试标准,应符合该设备的有关技术规格要求和维修验收标准条款。

③ 技术部门定期对各设备维修质量进行检查与鉴定,并做好质量记录。

④ 备品备件的采购、验收应符合设备所要求的规格、型号,贮存应满足该零部件的贮存条件。

⑤ 技术部门按系统设备技术要求定期对系统设备进行全面测试,使设备所有技术性能与机械性能符合原设计或设备标准的要求。

⑥ 专业工程师做好所辖设备的明细台账、设备履历表、设备拆分表、备品备件库存表等,保证账目清晰、实用,接受上级管理、技术部门的定期及不定期检查。

⑦ 专业工程师按时填报规章制度所明确要求的各类报表、图表。
⑧ 专业工程师应每周对设备典型故障进行统计分析，并建立相应的设备故障统计表。

7.1.2　运行管理组织

1. 运行管理的组织架构

① 设备运行管理方面设有工班、专业技术组。
② 设备专业工程师代表该专业负责制订各种作业计划、材料计划，必要时为维修工作提供技术支持。其任职要求是具有工程师或助理工程师资格证书。
③ 工班执行各种计划作业、故障抢修、临时维修任务，并及时反馈各种作业情况，从业人员应持证上岗。

2. 主要任务描述

① 设备专业工程师主要负责编制机电专业的年度和月度生产计划和材料消耗计划；检查和考核工班的维修作业完成情况、安全作业情况和材料消耗情况；负责机电设备系统的设备管理工作；负责编制和实施专业内的培训工作；负责机电专业各类生产和技术文本的编制以及企业标准相关部分的工作；负责检查车站环境控制参数实现情况；负责检查车站机电模式执行情况；负责所辖工班的各项作业和故障处理的技术支持和指导工作。
② 工班人员负责车站设备的操作和运行记录工作，反馈设备运行状况，负责车站机电设备的日常巡视、定期保养、简单故障处理。工班人员主要负责专业生产技术组编制下达的日常计划性维修、故障修及抢修工作。

7.2　系统巡视及运行

7.2.1　巡视的内容和一般要求

1. 巡视的内容

巡视内容根据车站环控系统设备布置情况分别实施，具体可分为环控电控室、空调机房和风机房、水系统设备、车站公共区及设备房和VRV多联机等。

2. 一般要求

① 机电中心采用混合工班以确保人员的安全，在进行机电设备巡视时，每组人员不少于2人。在区间隧道巡视，应按有关规定办理作业令，所有作业均要遵守维修生产作业程序，办理请点、销点手续。
② 日常巡视作业程序如图7.1所示。
③ 巡视人员应填写相应巡视记录。
④ 巡视中需改变有关设备工作状态时，巡视人员应报知环调及相关生产调度。

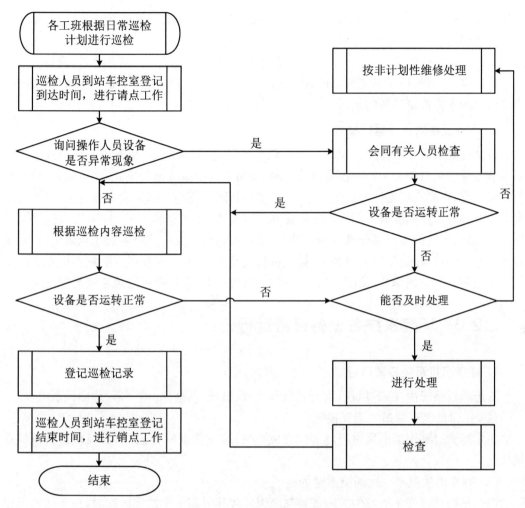

图 7.1 日常巡视作业流程图

7.2.2 环控系统设备的控制方式和运行模式

1. 环控设备的控制方式

合肥地铁 1 号线车站环控系统的正常运行是由自动化集成系统来控制的,车站控制室通过接收中央控制室(OCC)的指令,来控制、显示车站环控系统设备的运行状态;接收车站环控系统设备的故障报警和火灾报警信号,控制相应设备转入火灾运行模式。环控系统设备的控制分为本地控制、车站级控制、中央级控制三级。

本地控制就是现场控制,主要通过手动操作设在环控设备现场的电控箱上的"本地/远程"旋钮来实现,即把"本地/远程"旋钮打到本地挡。本地控制方式为环控系统设备的安装调试与维护维修提供了方便。

车站级控制就是在车站控制室的 BAS 工作站上操作设备。通过车站级控制,地铁环控系统设备可以按照预定的模式来运行。

中央级控制设在控制中心(OCC),负责监控和调度地铁各站的各系统设备的运行。中央级控制室可控制、显示全线各站及区间内的隧道风机和相应风阀的运行及状态;显示全线各车站环控系统设备的运行状态。

本地控制为优先级,车站级控制为次级,中央级控制为最后级。其含意是:设备处于本地级控制时,后两级控制不能控制设备的运行状态(开、关、复位);设备处于车站级控制时,中央级控制不能控制设备的运行。

2. 环控设备的主要运行模式

各站环控大系统主要运行模式分为空调小新风、空调全新风、全通风三种模式。当空调季节室外新风焓值大于回风混合点焓值时,采用空调小新风运行模式,回风经回/排风机与新风混合,再经空调器处理后送入站内;当室外新风焓值小于回风混合点焓值,且干球温度大于空调送风点温度时,采用空调全新风运行模式,站内回风经回/排风机直接排至室外,室外新风经空调器降温处理后送入站内;当室外新风温度小于空调送风点温度时,系统转入全通风运行模式,站内回风经回/排风机直接排至室外,室外新风经空调器送入站内。

其他还有非空调季节、站厅(站台)火灾、小系统火灾、各站隧道通风系统运行模式。

7.2.3 环控系统各设备日常运行

1. 隧道风机系统日常运行

隧道风机系统由 TVF 风机、组合式电动风阀、机械/活塞风、消声器、地面风亭组成。

(1) 正常情况下隧道的通风换气

正常运营时利用活塞风进行隧道的通风换气;夜间作业时开启 TVF 风机进行机械通风换气。

(2) 列车因故阻塞在区间隧道时的通风

当列车因延误或车辆发生故障等特殊原因导致其阻塞于车站或区间时,列车活塞风已不存在,为保证列车空调机组冷凝压力不至于过高,影响机组正常运转,需对阻塞区间采用机械通风,使列车周围空气温度低于 40 ℃。

(3) 列车在区间隧道发生火灾且不能行进时的通风排烟

当列车在区间隧道发生火灾时,原则上应尽一切可能驶往前方最近的车站进行乘客疏散和消防救援。但当列车发生火灾并停在区间隧道内时,则需启动机械排烟模式,保证区间隧道断面排烟速度不小于 2 m/s。

2. 车站风机系统运行

(1) 基本操作要求

① 电机、接线盒以及带有高压接线端子的部位不要去触摸,否则会引起电击。

② 在风机运转之前,一定要将电机断电。

③ 不要用湿手去触摸开关,否则会引起电击。

④ 应当非常熟悉急停按钮开关的位置,以便在任何需要使用它时,无需寻找就能按到它。

⑤ 要有足够的工作空间,以避免发生危险。

⑥ 水或油会使地面湿滑而造成危险,为防止出现意外事故,工作地面应保持洁净

干燥。

⑦ 不要乱碰开关。在使用开关之前，一定要确认，防止出错。

⑧ 因检查或清洁而必须进入风机时，应采取隔离电源的措施，而且隔离开关应位于风机附近，以便维修人员可以直接控制风机的电源。

⑨ 只有接受过相关危害和风险指导的人员才能上岗。

⑩ 如果一项任务需由两个以上的人来完成，那么对操作的每一个步骤都应当规定好协调的信号，除非已给出了规定的信号，否则就不要进行下一步骤。

⑪ 当电源部分出现故障时，应立即切断主电路开关，只有确保风机在安全状态时，方能重新启动。

⑫ 当风机连接管道时，应根据管道系统实际情况，在合适位置装配防护措施。

⑬ 使用推荐的润滑油和油脂或认可的等同性能的油。

⑭ 不要改变参数值或其他电气设置。若非变不可的话，则应在改变之前将原始值记录下来，以便在必要时恢复为它们的原始值。

⑮ 不要弄脏、刮伤或弄掉警告标牌。如果标牌上的字迹已变得模糊不清或遗失了，应进行更换。

⑯ 凡是绝缘皮损坏的缆线、软线或导线都会产生电流泄漏。所以，在使用它们之前，应进行检查。

⑰ 一定要弄懂说明书中规定的内容，对每一个功能和操作过程都要弄清楚，应穿防油的绝缘鞋，穿工作服和佩带其他安全防护用品。为电机配置的送电开关的缆线必须具有足够的横截面以满足电力的要求。

⑱ 风机安装后第一次使用之前，应用手或用工具拨动风机主轴使风机空运转几周，对每个转动部件都要用新的润滑油加以润滑，并检查有无异常声响、运转是否灵活，在必要时应进行检查并加注润滑油。

⑲ 风机运转时，在任何情况下，禁止操作人员站在风机的进出口、叶轮位置。

（2）TVF风机操作流程

只带正反转功能的TVF风机指的是区间隧道风机。带变频及正反转功能的TVF风机是区间隧道风机兼隧道排热风机，可耐250 ℃高温，运行1 h。其操作流程如下：

① 将环控电控柜TVF风机的"环控/BAS"旋钮转换到"环控"挡。

② 根据OCC指令或现场要求选择TVF风机的正转或反转。

③ 开启TVF风机连锁风阀，确定风阀完全开启后，按下TVF风机的正转或反转按钮，风机按正转或反转运行，相应的指示灯点亮。

④ TVF风机运行正常后，检查电机的三相电流是否平衡并在正常范围内，在正常情况下，风机不应出现异常的声音和震动。

⑤ 停机时，按下TVF风机停止按钮，风机停止运行，风机停止信号灯亮，按下风阀关闭按钮，风阀关到位后，风阀关闭指示灯亮。

现场控制的操作完成后，将环控电控柜TVF风机的"环控/BAS"旋钮转换到"BAS"挡。TVF风机操作流程图如图7.2所示。

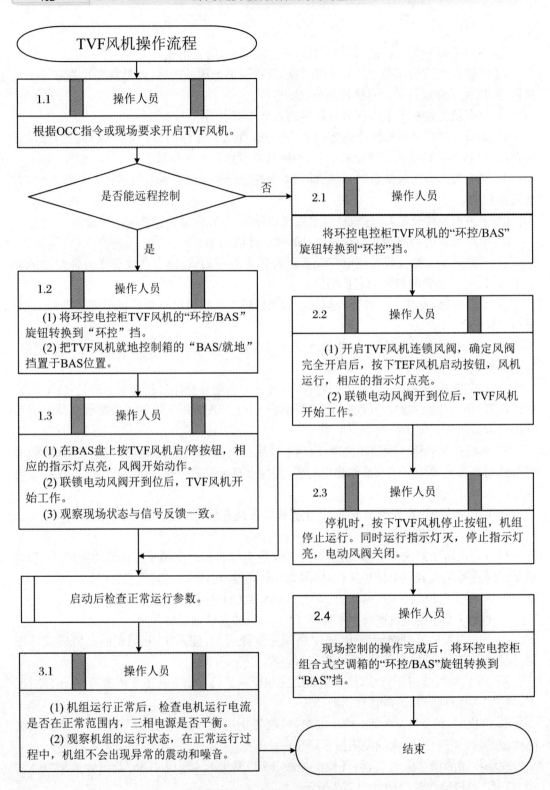

图 7.2 TVF 风机操作流程图

(3) 射流风机操作流程
① 将环控电控柜射流风机的"环控/BAS"旋钮转换到"环控"挡。

② 根据OCC指令或现场要求按下射流风机的正转或反转按钮。

③ 按下按钮后,控制柜的PLC模块输出风机正转或反转的运行信号,相应的运行指示灯亮,风机开始按正转或反转运行。

④ 射流风机运行正常后,检查电机的三相电流是否平衡、是否在正常范围内,在正常情况下,风机不应出现异常的声音和震动。

⑤ 在射流风机正转/反转运行时,若根据OCC指令或现场要求,该风机需要反转/正转运行时,先按下停止按钮,等15 s后按下反转/正转按钮,风机开始按反转/正转运行。

⑥ 停机时,按下射流风机的停止按钮,风机停止运行,风机停止信号灯亮。

现场控制的操作完成后,将环控电控柜射流风机的"环控/BAS"旋钮转换到"BAS"挡。射流风机的操作流程如图7.3所示。

2. 空气处理器日常运行

空气处理器主要有组合式空调箱、风柜(立式、卧式、吊顶)、风机盘管。

(1) 组合式空调箱

组合式空调箱的主要组成部分有过滤段、表冷段、风机段、消声段,如图7.4所示。

组合式空调箱属于中央空调系统的末端设备,主要用来实现对空气进行冷却、加热、加湿、除湿、净化、消声及输送等功能。工作原理:过滤段由滤网组成,对空气起过滤、净化作用;表冷段里冷冻水循环流动,对空气起冷却作用;风机段对空气进行加压,为输送冷空气提供动力;消声段消除风机产生的震动和噪声。组合式空调箱在系统中的位置如图7.5所示。

正常情况下,组合式空调箱在空调季节为站厅、站台提供冷风,在通风季节为站厅、站台通风换气。在站厅或站台发生火灾的情况下,组合式空调箱为站厅、站台送新风,防止烟气蔓延,有利于人员迎风疏散。

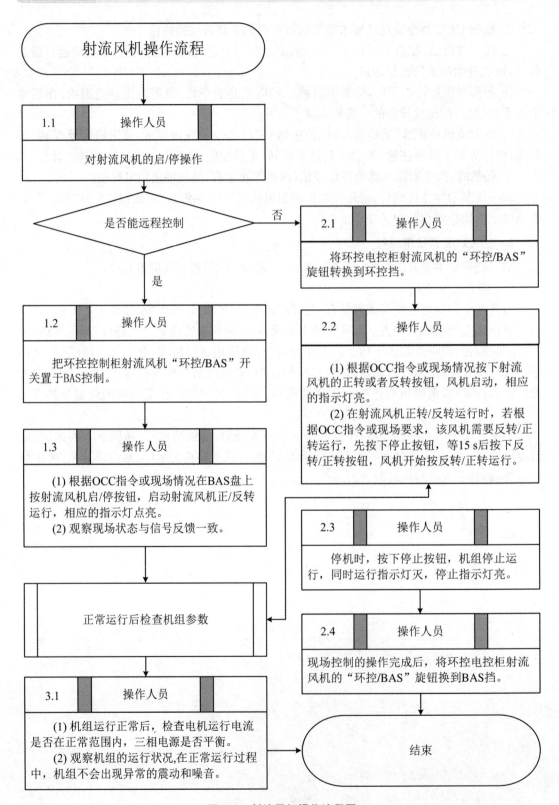

图 7.3　射流风机操作流程图

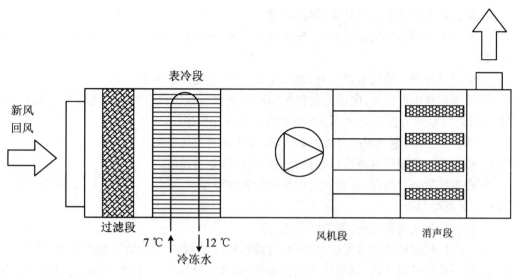

图 7.4 组合式空调箱功能段图

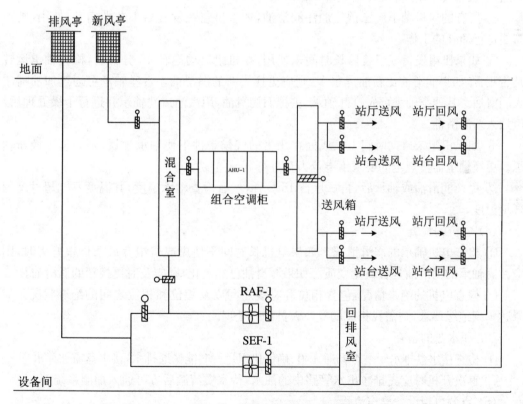

图 7.5 车站空调通风系统图

(2) 整机的检查

① 检查各部件螺栓是否松动。

② 检查机组内(或风管系统内)有无异物,空气进、出口有无堵塞。除掉机组内外的尘土。

③ 检查所有电气连接,确保风机电机、加湿器或电加热等电气线路正常,控制柜各电气元件及接线无误,接地可靠。

④ 检查控制设备的安全装置,确保正常。

⑤ 检查水(汽)、电、气是否畅通,检查风管系统各阀门是否处于工作位置,水管系统是否正常。

⑥ 检查盘管段的冷凝水存水弯,确保安装正确,避免排水不畅。

⑦ 检查机组供电电源,电源应与机组的铭牌参数一致。符合要求后方可与电机相连,检查风机旋转方向是否正确,如反向,应停机改变电源相序。

⑧ 检查各手动、电动阀门是否开启灵活,是否处于工作状态。

⑨ 检查整个机组所有进出口和检修门的气密性是否良好。

⑩ 检查盘管翅片状况,必要时对翅片进行梳理校正。

(3) 风机的检查

① 在检查风机内部之前,需关闭总电源开关。

② 检查风机部件的运输保护件是否已拆除,减震器、柔性连接装置是否正常。

③ 用手旋转风机叶轮,确保叶轮能自由旋转,确保风机内无异物。风机传动皮带应松紧适度,皮带轮、轴承等旋转应正常平稳。

④ 所有的风机轴承应已预先加注润滑油,如果机组在发货后不久即启动、使用,则不需要进行额外的工作。

⑤ 如果机组发货或组装后长时间未使用,在机组启动运转15分钟后,检查轴承运转是否正常,如果润滑油比新油黑很多,则应更换为新的润滑油。带座轴承可通过加油嘴注入润滑油。其他类轴承可先打开轴承,去掉旧润滑油,用汽油清洗轴承并进行干燥处理后,再加入新润滑油。

⑥ 如果机组未启动时间太长或处在恶劣的气候条件下使轴承生锈,则必须更换新轴承。更换轴承需按规定的要求由专业人员进行。

⑦ 更换润滑油或轴承后,再试运行15分钟,然后检查轴承温度,其温度不能超过周围环境温度。

(4) 电机的检查

① 检查电机轴承的润滑情况。如果电机长时间不使用或机组存放条件很恶劣时,则应注意轴承的润滑油是否氧化变质。如果润滑油已经氧化,则应及时更换新的润滑油。

② 检查电机的绝缘情况,包含相位和零线之间以及相位和相位之间的绝缘状况。如果达不到绝缘要求,则需找相应的专业人员进行处理。

(5) 积水盘的检查

① 检查接水盘排水管是否畅通无阻,确保机组运行时能畅通排水,接水盘需加存水弯。

② 首次开机时应先排净出水管路中的浊水,待水质清澈后方可通入加湿系统中。

(6) 空调风柜设备操作流程

① 将环控电控柜空调风柜的本地"环控/BAS"旋钮转换到"环控"挡。

② 按下启动按钮,空调风柜开始工作,同时运行指示灯亮。

③ 观察机组的运行状况,在正常运行过程中,机组不会出现异常的震动和噪音。

④ 检查机组整体有无漏风现象。

⑤ 需停机时,按下停止按钮,机组停止运行,同时运行指示灯灭,停止指示灯亮。

⑥ 现场控制的操作完成后,将环控电控柜组合式空调箱的"环控/BAS"旋钮换到

"BAS"挡。

空调风柜设备操作流程如图 7.6 所示。

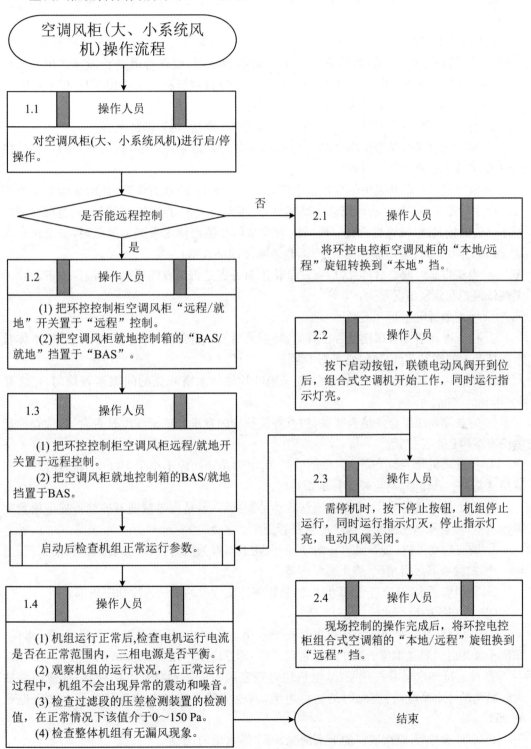

7.6 空调风柜设备操作流程图

3. 冷却塔系统日常运行

冷却塔是利用水和空气的接触,通过蒸发作用来散去工业上或制冷空调中产生的废热的一种设备。

(1) 运行前准备工作

① 通过检查门进入塔内,清理底盆上的杂物和淤泥,检查管道是否淤塞。用高压水(水压不应太高)洗涤散热胶片及底盆的泥土,并通过排水口将污水排出。打开给水阀,将水加至一定水位(浮球阀自动关闭)。

② 启动循环水泵,将系统内的污染物全部清洗干净后,再重新加水。

③ 检查马达接线是否正确、牢靠,马达接线盒是否盖紧,以免水汽进入。测量马达绝缘电阻,在 1 MΩ 以上表示良好。

④ 检查皮带传动装置中的皮带松紧度,给予一 15 kg 的垂直负荷,此时皮带会受力变形而产生一定位移(变形量),记录此变形量,如相差较大,应调整电机辅架,调整螺栓使之处于合适的松紧度(减速机运转一段时间后皮带因摩擦而使皮带张力降低时,必须进行调速,否则会因皮带打滑而加速皮带磨损,且影响冷却塔效率)。

⑤ 当皮带张力调整后,再次检查皮带轮顶面各点是否呈直线排列,以确定皮带轮顶面无高低偏差和倾斜情况发生。

⑥ 检查电源电压是否正确。

⑦ 检查冷却塔所有螺栓是否已拧紧,特别是重要结合部位,如马达风扇、基础、本体及水盘结合处的螺丝,有松动的应重新上紧。

⑧ 检查风机转动是否灵活顺畅,各风扇叶片尾与水塔外壳的间隙是否均匀,使之在 8~15 mm 之间。

⑨ 检查浮球阀组合件是否装妥,检查各层胶片的数量和疏密程度是否合适,检查冷却塔所有螺栓是否已拧紧。

⑩ 检查风机叶尖与上壳体内壁间隙是否均匀,最小间隙不小于 10 mm,检查叶片的安装角度是否一致,叶片与轮毂编号是否对应。

⑪ 人工盘动风机叶片,检查减速器转动是否灵活,若是皮带减速器应检查皮带松紧度是否适中,检查涨紧轮或涨紧螺栓位置是否正常。

⑫ 瞬时启动风机,查看风机转向,应风向朝上俯看为顺时针转向,若风机转向正确,运转一小时,检查其运行情况,应无异常声音。

⑬ 冷却塔通水前,应进行管道冲洗,禁止将冲洗管道的水送入冷却塔内部。

(2) 冷却塔的运行

① 水位调校:将冷却塔水盆和水管先充水至运行水位,浮球阀组合也调至运行水位,保证水泵开启后底盆水位仍处于运行水位高度,即在溢水口以下 50 mm 的位置。

② 接通冷却水泵电机开关,从电机尾部观察风扇应按顺时针方向旋转,气流向外抽出。启动循环水系统,检查此时的运行电流,其电流值不超过电动机铭牌标示额定电流的 95%。

③ 水泵运行后,观察填料的下水情况,要求淋水均匀、细密。

④ 风机运行应无异响,塔体无震动现象。

(3) 冷却塔设备操作流程

① 将环控电控柜冷却塔的"环控/BAS"控制旋钮转换到"环控"挡。

② 检查清理冷却塔进风处的障碍物、洒水盆处的杂物。

③ 检查或调整集水盆的水位。

④ 检查集水盆,确保无漏水现象。

⑤ 检查无误后,打开供、回水管路电动蝶阀。

⑥ 按下对应的冷却塔风机启动按钮运行风机。

⑦ 冷却塔风机运转正常后,检查冷却塔有无不正常的噪音和震动,若有异常现象,应立即停机检修。

⑧ 当冷却水泵运行后,应检查冷却塔布水是否均匀,洒水盆的水位是否在50～80 mm的正常范围内,有无飘水、溅水现象。

⑨ 停机时,按下停机按钮,冷却塔风机停止运行。

⑩ 冷却水泵停止运行后,检查调整集水盆水位,确定浮球阀处于完全关闭状态。

⑪ 现场控制的操作完成后,将环控电控柜冷却塔的"环控/BAS"旋钮转换到"BAS"挡。

冷却塔操作流程如图7.7所示。

4. 冷水机组系统日常运行

(1) 螺杆式冷水机组工作原理

冷水机组的工作原理是蒸气压缩式制冷,即利用液态制冷剂汽化时吸热,蒸气凝结时放热的原理进行制冷。在制冷技术中,蒸发是指液态制冷剂达到沸腾变成气态的过程。液态变成气态必须从外界吸收热能才能实现,因此它是吸热过程,液态制冷剂蒸发汽化时的温度叫蒸发温度。凝结则是指蒸气冷却到等于或低于饱和温度时,蒸气转化为液态的过程。

冷水机组能够提供恒温、恒流、恒压的冷冻水。在冷水机组的运行过程中,我们可以先将一定量的水注入机器的内部水箱,通过冷水机组制冷系统将水冷却后,再由水泵将低温冷冻的水注入需要冷却的设备内,冷冻水将机器内部的热量带走,高温的热水再次回流到水箱进行降温,如此循环交换冷却,达到为设备冷却的目的。

(2) 冷水机组开机前注意事项

① 长期停机后,首次开机前机组需提前通电24 h热机,热机期间机组电控箱主回路的断路器应处于断开状态。

② 冷冻水管路必须安装有水流开关且保证与机组联锁,开机前检查水流开关,确保机组运行时水流开关保护正常。

③ 开机前如机组存在报警,务必查明原因并消除问题后才能解除报警,原因未查明不允许开机。

④ 通过对冷却水阀门调节,控制冷却水水流量,以确保机组尽快建立吸排气压差,压差低时应适当调低冷却水水流量。

⑤ 停机时,压缩机停止运行后,先关闭压缩机开关,对应的冷却水水泵、冷冻水水泵应再循环一段时间后关闭。

⑥ 突发制冷剂泄漏时,应立即断开压缩机电源,保证冷冻水水泵及冷却水水泵一直处于运行状态,及时处理漏点。

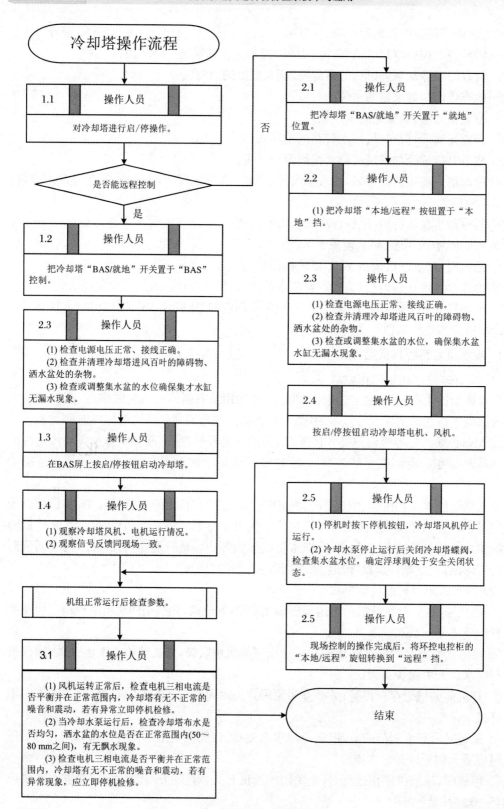

图 7.7 冷却塔操作流程图

⑦ 以防冻液为介质的盐水机组务必监测载冷剂浓度,并记录相关数据,浓度低于规定值时应适当添加防冻液。

⑧ 为避免杂质进入蒸发器及冷凝器造成铜管堵塞或划伤,冷却水管过滤器及冷冻水管过滤器应定期检查清洗,损坏的过滤网应及时更换。

(3) 冷水机组开机步骤

① 先开冷冻水泵、再开冷却水泵,查看界面中水流开关的状态,水泵开启前水流开关应该显示关,水泵开启后水流开关应该显示开。

② 冷水机组对冷却水水温有比较严格的进水水温要求,水温不能过低,一般进水温度应高于20 ℃。

③ 打开水泵后,观察水压和水温,保证水系统内有足够的水循环,不得夹带气体。每次开机前必须检查水流开关:启动冷冻水泵,水流开关闭合,水泵停止,水流开关立即断开,确保水流正常才能开机。

④ 合上机组控制面板上的控制开关和压缩机断路器。若机组有报警,排除故障并复位报警。

⑤ 开机后的首要任务是观察模拟量值,必须保证在 2 min 之内吸、排气之间有210 kPa (30 PSI)的压差,因为压缩机内没有油泵,是靠吸、排气压差供油、回油和上卸载的。在最短时间内建立压差对机组十分有利,如果压差在 3 min 内没有建立起来,机组会发出报警,多次如此反复,压缩机会出现低油位报警,这样会对压缩机的使用构成威胁,严重时会造成压缩机损坏。

(4) 冷水机组设备操作流程(以合肥地铁3号线为例)

① 在机组控制面板上按住启动/停止按钮至少 4 s,主界面第一区显示"C",第二区显示"L-OFF"。

② 按住启动/停止按钮选择运行模式,直至第二区变成"L-ON"、第一区的"C"不停闪烁。

③ 按下确认键,这时第一区显示由"C"变成"t"。

④ 机组运行油泵并检测油压,达到设定值后,机组启动运转。

⑤ 机组启动后,油泵停止运行,观察吸气压力和排气压力,调整冷却水水流量和冷却塔风机,使机组尽快建立 0.21 MPa 的吸、排气压差,如果压差在 2 min 没有建立起来,会发出报警,再多次反复,压缩机会出现低油位报警。

⑥ 运行正常后,要用手触摸压缩机排气管,排压正常时,排气管应该是热的。

⑦ 在昼夜温差较大时,开机前不要运行冷却塔风机,应关小冷凝器出水阀门,待开机及压差建立、排气压力升到 0.7 MPa 时,才把出水阀门开大,当排气压力升到 0.75 MPa 时出水阀门全开,并打开 1 台冷却塔风机,如果再升高,再开 1 台风机冷却,把排气压力控制在 0.7~0.85 MPa。

⑧ 双机头机组开机时,先开 1 台压缩机,待这台满负荷运行后,若出水温度还是高于设定值,则会自动开启第 2 台压缩机。如果出水温度低于设定值,超过死区范围,机组会自动卸载,直到自动关闭 1 台压缩机,开着的压缩机会自动把停下的压缩机负载加上运行,如果运行的压缩机不能使出水温度降到设定值,会重新启动停止的压缩机,如此反复。

冷水机组操作流程如图 7.8 所示。

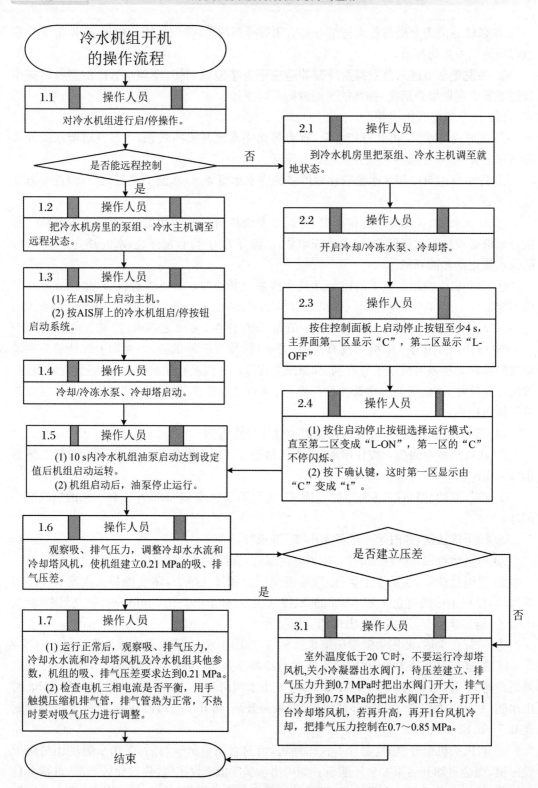

图 7.8　冷水机组操作流程图

(5) 冷水机组开机后注意事项

① 在任何断水情况下不允许运行机组。在运行中,将电控箱门关闭(包括显示屏控制箱和电子膨胀阀控制箱),所有拉手开关和门锁开关关闭,带锁的开关应全部锁死,避免闲杂人员误开误动对机组造成损害。

② 检查机组系统的截止阀、球阀、角阀和针阀等阀门是否有松动、油渍或阀帽缺失,如有,请务必处理,避免停机期间系统局部泄漏造成制冷剂大量损失。

③ 如果在关机期间,环境温度不会达到 0 ℃以下时,冷冻水可以留在系统之中。如果环境温度可能会低于 0 ℃以下时,就要将所有的水排出。为避免余下的水腐蚀金属,仅靠端盖上的泄流口重力泄流是不够的,还要用高压空气将水吹干净。若冷凝器或蒸发器中使用乙二醇溶液,则应确保溶液的结冰温度低于环境可能的最低温度。

(6) 机组运行注意事项

① 机组运行时,1~2 小时应巡视一次,并做好记录,如果冷却水温低于 260 ℃时,请注意调整冷却水进水阀门,保持机组的排气压力。

② 观察压缩机油位情况,如排气压力过低会造成压缩机油箱中的油进入蒸发器中进而造成低压报警。

③ 每年第一次开机应提前 24 小时给机组预热。

④ 根据地铁机组的安装配置情况,建议不要使用远程开机,否则可能会因建立不起压差而损坏机组。

(7) 设备安全防护装置及说明

① 控制电源掉电保护(微机控制):机组由工厂设定,允许机组掉电后自动重启。

② 蒸发器结冰停机保护(微机控制):冷冻水出水温度降低到结冰设定值(1.1 ℃)以下时,微机就会让压缩机停机,打开报警信号灯;故障处理完毕后,在操作界面复位报警。

③ 冷凝器压力过高保护(微机控制):当冷凝器压力达到高压设定值时,微机就会让压缩机停机,打开报警信号灯;故障处理完毕后,在压力传感器上按复位按键复位。

④ 压缩机反相保护:新更换的压缩机附带一个低压开关,安装在压缩机的高压端口,当压缩机出现接线错误时,在 3000 ms 内探知旋转方向并停止转向;当压缩机旋转方向被校验过后,这个开关可被拆除。

⑤ 水流开关保护:水流开关安装于蒸发器的出水管路上,当冷冻水流量不足时,机组停机,打开报警信号灯;故障处理完毕后,在操作界面复位报警。

⑥ 安全阀:安全阀可以帮助机组泄放危险的高压;机组运行时不得关闭其前面的角阀;安全阀动作后,更换新的安全阀。

⑦ 马达温度保护器(微机控制):压缩机马达线圈中埋有温度传感器,当传感器温度超过工厂设定的安全温度时,微机就会让压缩机停机,并打开马达温度过高报警信号灯;故障处理完毕后,在控制面板上复位电机高温复位按键。

⑧ 过载保护(微机控制):过载保护器通过监控三相电流来防止压缩机电流过高,跳闸设定值由工厂设定;故障处理完毕后,在操作界面复位报警。

5. 空调泵日常运行

(1) 空调泵运行性能参数

① 轴承的温升不得大于 350 ℃,极限温度不得大于 750 ℃。

② 水泵不能在低于 30% 设计流量下长期运转,电压。
③ 轴封的漏水量以每分钟少于 10 滴为适当。
④ 空调水泵电控柜从对应的环控配电柜引入 3800 V 电力。
⑤ 冷冻水泵、冷却水泵、冷水机组、电动蝶阀实现联锁。

(2) 设备安全防护装置及说明

电机电流超过设定值——额定电流的 1.2~1.5 倍时,电机由过载保护,排除故障后,需选择手动复位。

(3) 水泵基本操作

① 运行水泵之前,检查管路上的各阀门,使之处于正常的操作状态。
② 检查水泵进出口的压力表读数,确认水管及泵内充满水,压力表指示正确(一般情况下地下车站内进出水管注满水后,水泵离管内水面最高处高度差大于 5 m,水泵进出口处表压大于 0.05 MPa)。
③ 检查供电电源的电压是否在 380 V±5% 的正常范围之内。
④ 水泵设备操作流程如图 7.9 所示。

6. 风阀日常运行

(1) 操作前的检查

① 检查风阀操作机构是否灵活,配件是否齐全。
② 检查风阀上是否有异物,连杆系统各紧固处是否有松动现象。
③ 电动风阀的控制状态应放在"就地"位置。

(2) 操作要求

① 电动调节风阀的操作可在车站综合监控工作站上进行,也可在现场手操箱上操作,但各类风阀的状态必须到现场予以确认。在就地手操箱操作时,操作完成后,检查确认当前就地手操箱的开关位置是否符合当前操作控制方式。
② 手动操作组合风阀时,先拔出执行器上手动摇杆,并折弯成 90°,手柄顺时针方向旋转为开启风阀,逆时针方向旋转为关闭风阀。
③ 电动操作组合风阀时,按动就地控制箱上开启按钮开启风阀,按动关闭按钮关闭风阀。

(3) 风阀的具体操作

① 防火、防烟风阀动作后,当故障排除后,系统进入正常运行工况,有复位要求的阀门,应及时进行复位。
② 事故风机在动作过程中,不允许风阀进行切换操作。如一定要换向,则应按动紧停按钮后,待叶片停转后,再按启动或关闭按钮换向。
③ 组合式风阀设备操作流程如图 7.10 所示。

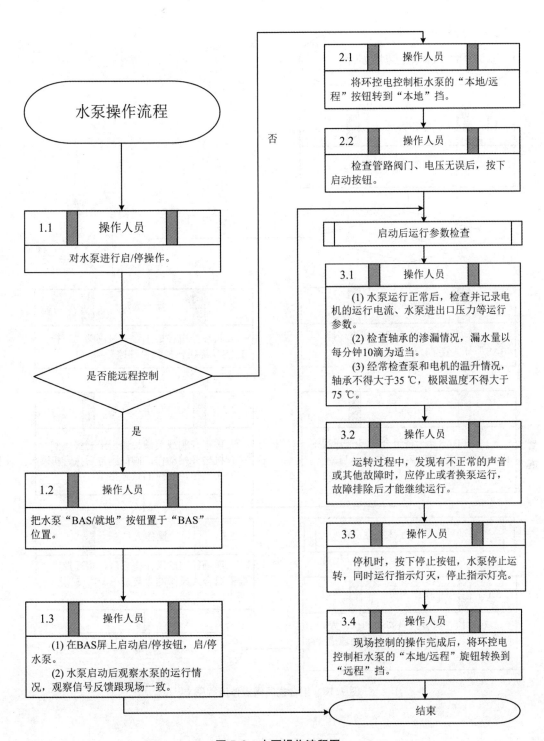

图 7.9 水泵操作流程图

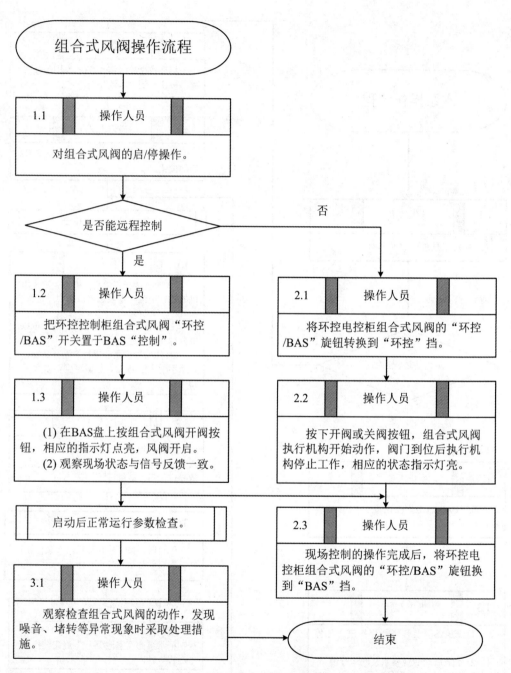

图 7.10 组合式风阀操作流程图

7.3 环控系统设备的维修管理

环控系统设备的维修工作应贯彻"预防为主、防治结合、修养并重"的原则,保证行车安全,提升运营服务水平,提供安全、准点、舒适、快捷的乘车环境,坚持为一线服务的宗旨。维修作业内容较巡视深入,是一种主动的预防维修,要根据环控设备的构成、运行和使用特点等因素,周期性地纠正设备运行后可能积累的误差、磨损,或零部件使用寿命到期后的更换,对相应设备进行小修、中修、大修,有效地预防故障的发生,有计划地减少设备的损耗,以取得较好的技术、经济效益,保证机电系统设备良好运行。

7.3.1 维修作业总则

① 通风空调系统设备维修根据设备的具体情况,以计划维修为主,结合使用故障维修、改善维修等维修方式。随着对设备性能的掌握,在维修中采取多种手段进行检测,根据设备状态参数进行早期设备故障诊断,并向状态维修过渡。

② 通风空调设备系统的修程分为日常巡检、月检、季检、半年检、年检、中修、大修。

③ 维修工作采用内部修和委外修相结合的方式。设备以内部维修为主,综合考虑维修安全、技术、经济效益,风柜过滤网的清洗、冷水系统的水处理、冷水机组及多联机的维保、风机及水泵电机等的大中修、车辆段等通风空调设备系统的维护,采用委外为主、内部修理为辅的维修方式。

④ 风水电工班负责通风空调系统设备的维护工作,技术组、综合组负责维护的技术、物资保障等工作。维护工作必须坚持"安全第一、预防为主"的方针,针对设备运行情况、人员思想状态和技术素质、季节变化、自然灾害及施工妨害等,制定切合实际的技术和安全措施并认真执行,以防止和减少设备故障的发生。

⑤ 分管部门必须做好技术业务培训,鼓励全部员工在维修工艺、维修检测手段、维修技术、维修方法、维修管理及维修模式等方面的创新,不断提高维修质量,减少维修成本。

⑥ 通风空调系统设备的维修应以预防为主,按计划检查测试,根据运行状况进行保养,把技术维护管理的重点放在日常保养工作中,以达到预防故障发生的目的。

⑦ 通风空调专业工程师负责编制通风空调系统设备的年度、月度、临时(包括委外维修)维修计划。

⑧ 对系统运行情况进行技术分析,不断改进系统维修模式和维修工艺。

⑨ 建立技术资料管理、收集及更新机制。

⑩ 各类仪表、仪器和测试设备应有专人管理,使其处于良好状态。要建立记录卡或记录簿,将检修校验及上级计量部门检验的结果登记备查。

7.3.2 维修作业注意事项

① 设备上面及附近不准堆置杂物。

② 设备开机前,必须确认设备上无人工作后才能送电;联动设备开机前,必须发出信号,得到对方的确切回答后才能开机。

③ 工作范围内如发现有破损电线和开关、电线外露、电线落地现象,应叫电工及时处理。

④ 设备运行时如发现有异常噪音和震动,应立即停机检修。

⑤ 需停机检修的项目,应断开控制柜的主电源,锁好控制柜,并在控制柜上挂"有人工作,严禁合闸"警示牌,确认无误后才能进行检修。警示牌必须谁挂谁取。

⑥ 高空作业必须使用安全带,戴好安全帽。严禁投掷工具、材料等物件。

⑦ 需动火的作业,应按运营公司消防安全管理办法执行,动火作业由机电中心安全员审核同意后提报。动火作业时应有专人监督。

⑧ 进入轨行区作业前办理进入轨行区作业的手续。

⑨ 通风空调专业工程师按通风空调各设备的计划检修周期与工作内容编制通风空调系统设备的月度、季度、年度维修计划。

⑩ 设备大中修的期限为 5~10 年。

⑪ 正常情况下,设备的检修、检查、日常维护都应以不影响正在运行的设备为原则。禁止一切影响行车安全的施工、检查、调试等作业。

⑫ 故障情况下的维修应确保服务区域设备的正常运行,再按先通后复的原则维修;不影响行车的设备维护保养尽量安排在后面。

⑬ 对于影响行车安全的设备故障,应第一时间上报维调组织抢修;影响其他线路行车安全的设备故障,参照相关协议执行。

⑭ 通风空调系统设备由设备中心维修人员进行统一管理。外单位施工时机电检修人员必须在场。

7.3.3 维修作业分类

1. 日常巡检

① 巡检周期为每日一次,向站务人员详细了解通风空调系统设备的工作状态、是否有故障等情况。

② 按《通风空调设备巡检记录表》内容进行巡检,并对异常状态做详细记录。

③ 巡检人员若现场不能及时解决故障,应上报维修调度安排人员进行维修。

④《通风空调设备巡检记录表》应做好存档管理。

2. 计划检修

计划检修包括设备的月检、季检、半年检和年检。

① 准备好所需工具及备品备件,穿戴好劳保防护用品。

② 动火作业前要提前办理动火证;进入轨行区作业前必须办理进入轨行区的作业手续。

③ 通报维调并到车控室、DCC 或 OCC 办理检修作业手续。

④ 做好作业区域的安全防护和监护。

⑤ 严格按照通风空调系统设备作业指导书的规定进行检修作业。

⑥ 作业完成后,到车控室、DCC 或 OCC 办理检修作业后手续并通报维调。

⑦ 作业完成后填写相关作业表格。

3. 故障检修

① 故障处理应本着"先通后复"的原则进行处理,当发现故障后,应立即将故障设备隔离,使其停止工作,并做好事故防范措施。属故障抢修的应严格按照《通风空调系统应急抢修预案》流程执行,并填写相应的记录表格。

② 处理故障前应先分析故障,通过分析和观察故障设备,找出故障原因,提出解决办法,确定维修方案,绝对不允许盲目处理故障设备。

③ 需停机检修的设备,应断开控制柜的主电源,锁好控制柜,并在控制柜上挂"有人工作,严禁合闸"警示牌,确认无误后才能进行检修。警示牌必须谁挂谁取。

④ 在处理故障、进行重要部件的测试或操作时,不得进行交接班。

⑤ 维修人员不能处理的故障应立即向专业工程师反映,请求专业组的技术支援。

⑥ 故障检修完毕后应对故障设备进行反复测试,以确保设备安全可靠运行。

⑦ 故障检修完成后,到车控室、DCC 或 OCC 办理检修作业后手续并通报维调。

⑧ 填写故障工单,委外维修项目填写设备故障处理表格。

7.3.4 维修职责

1. 维护人员职责

① 负责按通风空调系统(月检、季检、半年检和年检)作业标准,进行定期性检查、检修工作。

② 负责通风空调系统设备的故障维修和紧急抢修工作。

③ 负责参与本专业系统设备的技术改造和新技术、新工艺的推行。

④ 负责工具、仪器、备品备件及维修用材料的使用和保管工作。

2. 值班人员职责

① 负责每日查看通风空调系统控制器面板和各工作指示灯是否正常,检查设备故障信息,并做记录。

② 当发现通风空调系统设备存在问题时,及时通知 OCC、调度人员或系统维护人员。

7.3.5 设备房管理制度

① 凡易燃易爆的设备场站,高电压、高温、有旋转机械等设备场所,在外围的入口或通道等明显位置挂贴规范的警示牌。

② 各系统按有利工作和安全原则在相应的设备、管道阀门和电器开关上挂贴表明用途和状态的告示牌。

③ 机房钥匙是专用钥匙,未经批准及登记在册,任何人员不得持有或随意配制机房钥匙。

④ 未经批准,外来人员(包括参观学习和施工等)禁止进入机房;经批准进入机房的外

来人员必须遵守机房有关规定,服从机房工作人员安排指导。

⑤ 施工人员因施工需要进入设备房,必须由站务当班人员登记在册,在机电人员带领、监督下方可进入。施工过程中,严禁操作任何设备。

⑥ 车站站务、操作人员每次进入机电设备房操作机电设备时,应于登记本上记录进出时间、操作内容、人员等内容。

⑦ 机电巡检人员根据巡检计划进入设备房时,必须于车站站务操作人员处登记,记录巡检内容、地点、进出时间等,得到站务当班人员的许可后方可进入。巡检人员如需停运设备,必须报告生产调度,同意后方可操作。

⑧ 非巡检人员进入车站机电设备房时,必须持有设备设施部的有效作业令,否则设备操作员有权拒绝。未持有作业令,但要求进入机电设备房或区域的人员,必须由当班站务设备操作员请示设调,在得到许可和办好登记手续后,才能在站务设备操作员的引导下进入车站机电设备房。如需进行操作,必须先请示生产调度并得到许可后,才可由车站站务机电设备操作员进行操作,严禁任何非操作人员进行设备的操作。

⑨ 车站站务机电设备操作员有权对一切操作进行监督,对违规者,有权加以制止。

⑩ 政府职能部门(如消防局、供电局)突然到场检查或抽查相应的机房(如消防中心、变配电房等),当值人员在核实身份后,应热情接待,主动配合,做好记录,并应立即通知系统主管或部门领导。

⑪ 保持机房的安静、严肃、整洁,严禁在机房内聚会、聊天、嬉戏、睡觉、喧哗等,不得有影响工作、分散注意力的行为。

⑫ 严禁携带火种进入易燃易爆的设备场站和电子类设备机房,严禁在机房内吸烟。未经书面批准并落实安全措施,不得在机房内进行动火类作业。

⑬ 各机房工作人员必须按要求如实认真填写各种表格,主要设备的参数记录必须齐全,工作记录应清晰明了。

技 能 训 练

1. 城市轨道交通通风空调系统管理过程中有哪些要求?
2. 通风空调检修工在巡视过程中需关注哪些部件?
3. 通风空调系统设备中哪些设备需重点关注?

第 8 章 城市轨道交通通风空调故障处理

8.1 故障处理程序

8.1.1 系统构成

1. 空调水系统

环控系统采用单独供冷的方式,向末端处理设备输送冷冻水作为冷源,冷水机组、水泵及配套设备安装在相应区域的冷水机房内。

2. 车站大系统

各车站内的站厅层、站台层及公共区的空调通风及防排烟系统。

3. 车站小系统

车站内管理及设备用房的空调通风及防排烟系统。

4. 隧道通风系统

隧道通风包括车站隧道通风及区间隧道通风两部分。车站内的隧道通风系统主要是对站台层屏蔽区域内的隧道进行通风及防排烟系统,主要设备有变频隧道风机(兼作站内隧道排风机)、站内隧道排风机、电动风阀及防火阀。区间隧道通风系统主要是相邻两站行车区间和折转线、存车线的隧道通风及防排烟系统,主要设备有隧道风机、隧道风阀、电动风阀、防火阀以及射流风机等。

8.1.2 系统主要故障处理程序

1. 冷水机组释压阀高压动作故障处理程序

① 就地或远程关停机组。

② 继续保持冷冻、冷却水路运转。

③ 检查并保证机房排风机运作。

④ 如制冷剂在 0.784 MPa 下不能关闭,向维修调度汇报。

⑤ 维修调度通知相关专业人员,专业检修人员检查为释压阀故障,及时关闭手动阀并回收制冷剂,更换释压阀。

2. 冷水机组压缩机损坏(包括电机和压缩机)故障处理程序

确认机组已经停机后,从环控电控柜上关闭对应冷水机组主电源,挂上警示牌;更换新的压缩机。

3. 冷水机组冷凝器或蒸发器铜管损坏故障处理程序

① 就地或远程关停机组,退出主电源。

② 水泵停机后打就地控制,然后关闭两器系统两端的水阀,迅速拧开冷凝器或蒸发器进出水管最低位排水阀或橡胶软接处排水,防止更多的水分进入制冷剂循环管道系统。

③ 关闭冷凝器与蒸发器之间的联通管道。

④ 用卤素测漏仪在排水阀口检测确认是否有漏制冷剂的现象。

⑤ 确认为铜管破损,报维修调度及专业组进行维修。

4. 组合空调机主支框架变形、断裂故障处理程序

① 停组合空调柜的主电源,挂上警示牌。

② 就地控制箱打"就地"位。

③ 加固或焊接变形、断裂的主支架。

5. 风机联动风阀故障处理程序

风机联动风阀故障处理程序如图 8.1 所示。

6. 组合空调机风机叶轮损坏故障处理程序

① 停组合空调柜的主电源,挂上警示牌。

② 就地控制箱打"就地"位。

③ 更换新的叶轮。

7. 组合空调机表冷器铜管损坏故障处理程序

① 停组合空调柜的主电源,挂上警示牌。

② 就地控制箱打"就地"位。

③ 查漏补漏。

8. 组合空调机电机损坏(包括绕组线圈与转子)故障处理程序

① 停组合空调柜的主电源,挂上警示牌。

② 就地控制箱打"就地"位。

③ 更换新的或修复好的电机,更换前测试电机的绕组相间及对地电阻。

9. 冷却塔主支框架变形、断裂故障处理程序

① 停冷却塔的主电源,挂上警示牌。

② 就地控制箱打"就地"位。

③ 通知维修调度,让维修调度通知环调操作:将大系统组合式空调箱冷冻水电动二通阀关闭,大系统设为全新风工况运行;小系统重要设备房如通信机械室、屏蔽门控制室所属空调系统采用闭式循环;其他小系统空气处理机组关闭冷冻水电动二通阀,设为全新风工况运行或停机,只确保重要设备房间供冷。

第8章 城市轨道交通通风空调故障处理

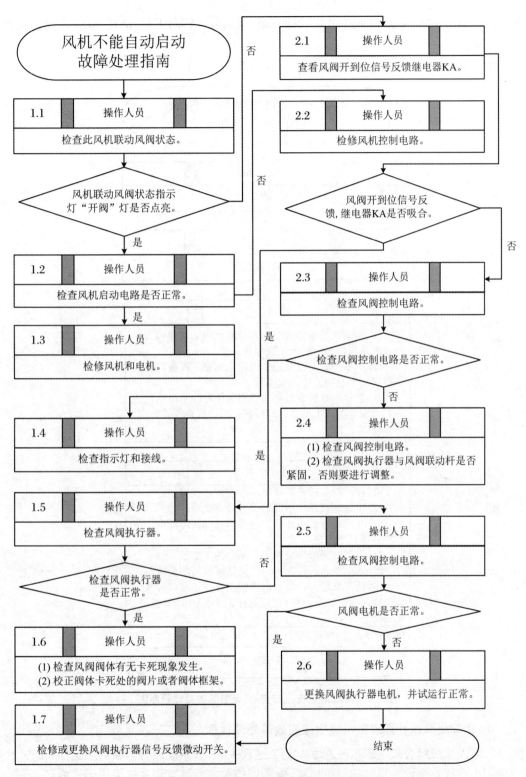

图8.1 风机联动风阀故障处理程序图

④ 维修检修人员操作：在环控电控室断开冷却塔电源，挂牌；确认环调操作后启动一台冷水机组；开启另一台冷却塔电动蝶阀，以便冷却水在两台冷却塔自然散热；重新加固或

焊接变形、断裂的主支架；通电手动运行冷却塔，确认风机转向正常；清理现场，将设备运行状态恢复正常。

冷却塔主支框架变形、断裂故障处理程序如图 8.2 所示。

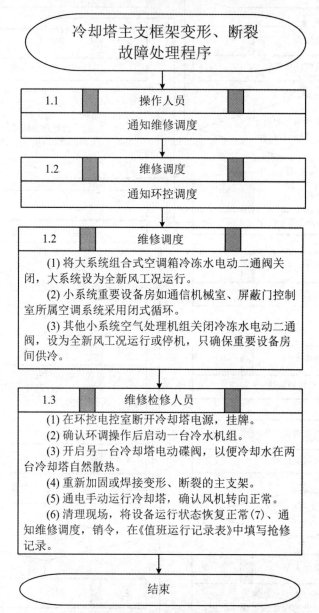

图 8.2　冷却塔主支框架变形、断裂故障处理程序图

10. 冷却塔风机叶片或电机被损被盗故障处理程序

① 将大系统组合式空调箱冷冻水电动二通阀关闭，大系统设为全新风工况运行。

② 小系统重要设备房如通信机械室、屏蔽门控制室所属空调系统采用闭式循环。

③ 其他小系统空气处理机组关闭冷冻水电动二通阀，设为全新风工况运行或停机，只确保重要设备房间供冷。

④ 在环控电控室断开冷却塔电源，挂牌。

⑤ 冷水机组故障复位。
⑥ 确认环调操作后启动一台冷水机组。
⑦ 开启另一台冷却塔电动碟阀,以便冷却水在两台冷却塔自然散热。
⑧ 重新安装风机叶片或电机。
⑨ 通电手动运行冷却塔,确认风机转向正常。
⑩ 清理现场,将设备运行状态恢复正常。

冷却塔风机叶片或电机被损被盗故障处理程序如图8.3所示。

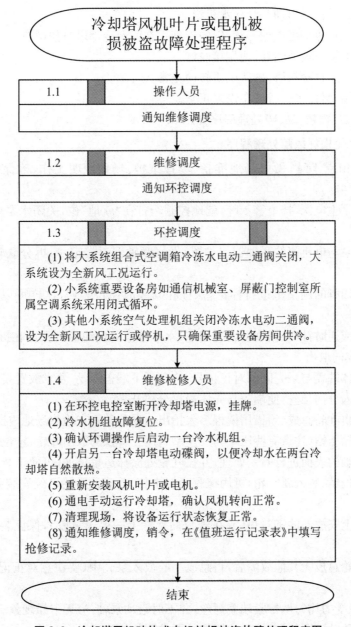

图8.3 冷却塔风机叶片或电机被损被盗故障处理程序图

11. 冷却塔电缆被损被盗故障处理程序

① 将大系统组合式空调箱冷冻水电动二通阀关闭,大系统设为全新风工况运行。

② 小系统重要设备房如通信机械室、屏蔽门控制室所属空调系统采用闭式循环。

③ 其他小系统空气处理机组关闭冷冻水电动二通阀,设为全新风工况运行或停机,只确保重要设备房间供冷。

④ 在环控电控室断开冷却塔电源,挂牌。

⑤ 冷水机组故障复位。

⑥ 确认环调操作后启动一台冷水机组。

⑦ 开启另一台冷却塔电动碟阀,以便冷却水在两台冷却塔自然散热。

⑧ 重新放电缆至被剪断处,两端接驳好。

⑨ 通电手动运行冷却塔,确认风机转向正常。

⑩ 清理现场,将设备运行状态恢复正常。

冷却塔电缆被损被盗故障处理程序如图 8.4 所示。

12. 水泵叶轮损坏故障处理程序

① 做好请销点手续,做好场地准备、场地维护、场地照明工作,确保操作空间安全可靠。

② 断开水泵主电源,挂上警示牌,就地控制箱打在"就地"位,关闭水泵两端的阀门,对水泵进行泄压。

③ 拆下水泵与电机间的联轴器保护罩,做好联轴器对接记号,拆分联轴器,使电机与水泵分离开来。

④ 对电机四脚的调整垫进行标记,保证在安装时原位装回,这样可以减少调整的工作量。

⑤ 顺时针或逆时针(根据现场情况确定)水平移动电机约30°,保证在拆下叶轮总成时不妨碍叶轮总成的取出。

⑥ 做好泵体端盖与泵壳间的对正记号,均匀拆下端盖螺丝,要求放置妥当、整齐。

⑦ 均匀旋入分离顶丝,使端盖与壳体慢慢分离开来。

⑧ 小心取出叶轮总成(须借用撬棍多人抬出),妥善放置在检修场地内操作。

⑨ 拆下叶轮压帽(注意有些压帽为反丝型),用三脚拉马取出叶轮、定位销。

⑩ 对水泵轴的表面进行除锈处理,并在叶轮处涂抹适量黄油(可便于装入)。

⑪ 装好定位销,装入新叶轮,可用橡胶锤轻击打入;确认叶轮已经安装到位,再上紧叶轮压帽。

⑫ 在泵体上安放新的密封垫(或在密封面上涂上一层厌氧胶),保证装上后不会有水漏出。

⑬ 确认叶轮总成无其他故障后,将总成小心放入泵壳中(要注意对正记号),旋回分离顶丝。

⑭ 对称地、受力均匀地拧紧端盖螺丝,并不时盘动泵轴,应无卡滞现象。

⑮ 将电机移动到原位,并按放入原位的要求调整垫片。

⑯ 装好水泵与电机间的联轴器(要注意对正记号),并调整好同轴度;拧紧电机固定螺栓。

⑰ 装好联轴器保护罩,清理现场。
⑱ 试运转 30 分钟,确认运行正常后交付使用。

水泵叶轮损坏故障处理程序如图 8.5 所示。

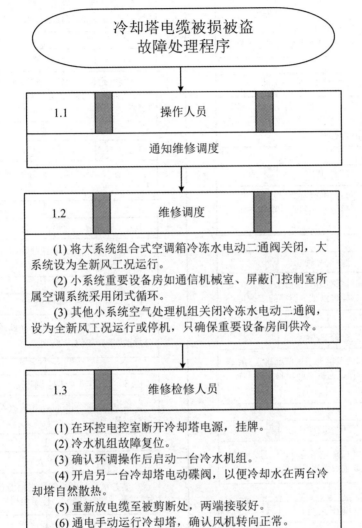

图 8.4 冷却塔电缆被损被盗故障处理程序图

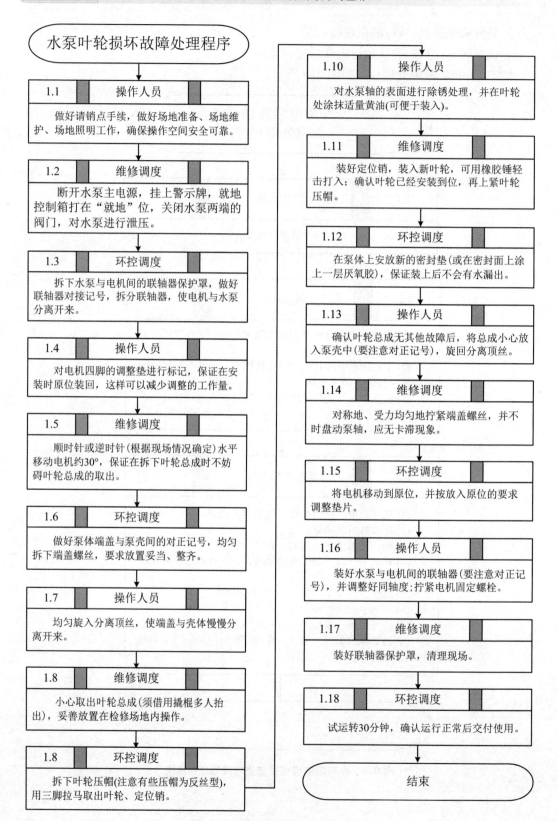

图 8.5 水泵叶轮损坏故障处理程序图

13. 水泵电机损坏(包括绕组线圈与转子)故障处理程序

① 停水泵的主电源,挂上警示牌。
② 就地控制箱打"就地"位。
③ 更换好的电机。

14. 冷冻管道伸缩节破损或管道破裂故障处理程序

① 关闭管道输送水泵的主电源,停止管道送水,挂有人作业警示牌。
② 关闭伸缩节或断裂管两端的阀门。
③ 换上好的伸缩节或焊补裂的管道。

15. 低噪音风机箱皮带更换处理程序

① 做好请销点手续,做好场地准备、场地维护、场地照明工作,确保操作空间安全可靠。
② 断开主电源,挂上警示牌,就地控制箱打在"就地"位。
③ 确认电机已停止转动,再取下低噪音风机箱的活动门。
④ 先检查皮带磨损情况,如磨损严重则需要更换新的皮带。
⑤ 更换皮带前,可先调整电机辅架上的调整螺栓,使皮带松弛,用一字螺丝刀头卡入皮带轮 V 槽与皮带之间,使皮带脱离 V 槽,轻轻旋动皮带轮,使皮带脱出,按此由外及里取出其他皮带。
⑥ 安装皮带时先把一条皮带卡入电机皮带轮中,再将皮带卡入另一端减速器皮带轮 V 槽内一点点,轻轻旋动皮带轮,使皮带完全卡入相应的 V 槽内,安装皮带由里及外逐一安装(整组皮带需统一全部更换)。
⑦ 调整皮带松紧度。给予一 15 kg 的垂直负荷,此时皮带会受力变形而产生一位移(变形量),记录此垂直负荷下的变形量,如相差较大,应调整电机辅架的调整螺栓使之有合适的松紧度(减速机运转一段时间后皮带因摩擦而使皮带张力降低时,必须进行调速,否则会因皮带打滑而加速皮带磨损且影响冷却塔效率)。
⑧ 当皮带张力调整后,再次检查皮带轮顶面各点是否直线排列,以确定皮带轮顶面无高低偏差和倾斜偏差情况发生。
⑨ 手动盘动皮带轮几圈应无异常。
⑩ 试运转,确认正常后,交付使用。
低噪音风机箱皮带更换处理程序如图 8.6 所示。

16. VRV 空调室内机排水泵故障处理程序

① 首先做好室内机下方设备的保护工作,防止在检查过程中有水滴入下方设备。
② 检查室内机电路板上的 CN13 接插件连接是否正常。
③ 检查浮子开关是否动作,CN4 是否有 AC220V 电压。
④ 检查室内机电路板水泵控制电路是否损坏、连接不良等。
⑤ 冷凝排水泵是否损坏,如损坏则需要更换。
⑥ 检查冷凝水管是否通畅,如不通畅需要疏通。
VRV 空调室内机排水泵故障处理程序如图 8.7 所示。

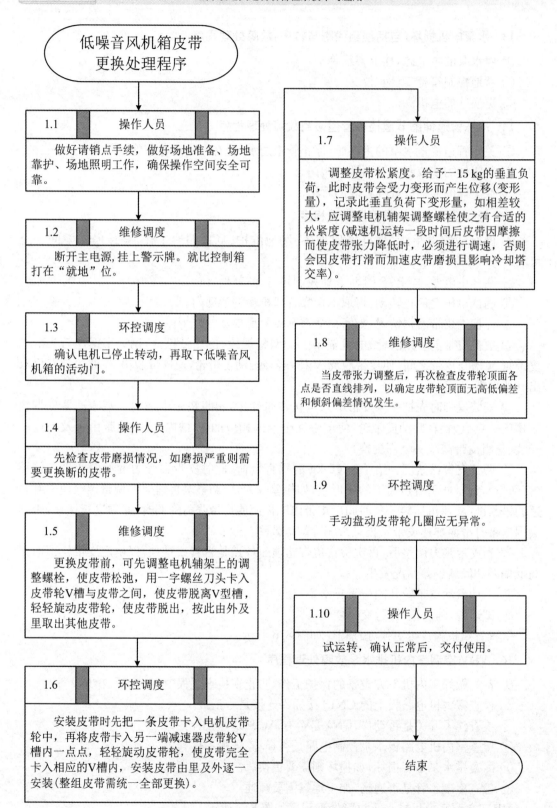

图 8.6 低噪音风机箱皮带更换处理程序图

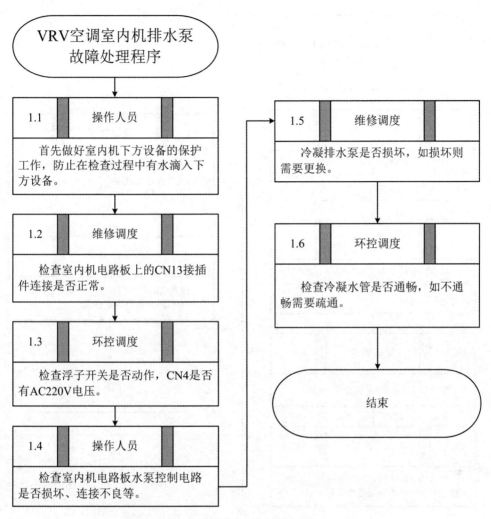

图 8.7　VRV 空调室内机排水泵故障处理程序图

17. VRV 空调室外机压缩机过电流保护故障处理程序

① 首先检查电源是否正常，电源线是否连接可靠，是否存在缺相、电压不稳定的情况，保险管是否熔断。

② 检查压缩机是否正常，相间电阻应为 $0.583\,\Omega$，绝缘阻值在 $2\,M\Omega$ 以上，如果损坏，需要更换压缩机。

③ 检查 RL(继电器)是否正常。

④ 检查功率模块板、三相整流桥、滤波电解电容、驱动电路板是否正常。

⑤ 检查各电路板之间、各电气元件间的连接线是否存在虚接。

⑥ 检查电流互感器及其连接线是否正常可靠，如损坏需要更换或检修。

VRV 空调室外机压缩机过电流保护故障处理程序如图 8.8 所示。

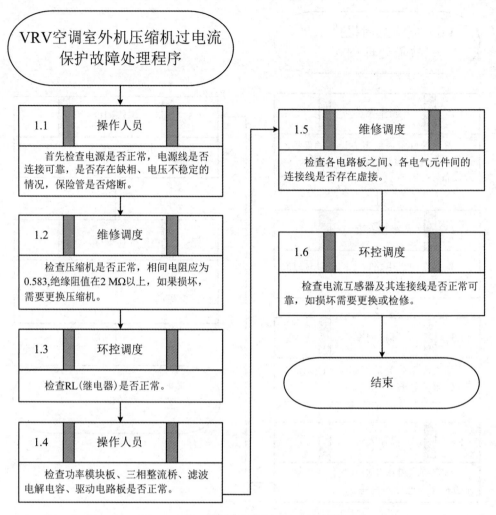

图 8.8　VRV 空调室外机压缩机过电流保护故障处理程序图

18．VRV 空调电子膨胀阀故障更换处理程序

① 确认电子膨胀阀需要更换才能解决问题。

② 保证电子膨胀阀两端的管路压力已为正常大气压,在阀体上包一块充分浸水的湿布,保证焊接时阀体温度不会太高,另外必须注意,为了防止充入的氮气被加热成高温气体从阀芯经过损坏电子膨胀阀,焊接时必须从膨胀阀的进出口分别从另一端充氮气进行保护。

③ 在旧阀焊下时要单独焊下阀体本身,应该将与阀体相连的进管、出管连同阀体在内的三件一起焊下。在焊接过程中进行冷却。这三件同时焊下后,按照前述冷却方法进行冷却焊接。

④ 新阀焊接时步骤同上,先将新阀和进出液管用前述的冷却方法进行冷却焊接成管组,再将这管组焊接到整机上,焊接中注意冷却。

8.2 常见故障处理

8.2.1 风机常见故障及处理方法

风机常见故障及处理方法如表8.1所示。

表8.1 风机故障处理表

现象描述	故障原因	处理方法
风机运行异响或震动	电机损坏	维修、更换电机
	叶片损坏	维修、更换叶片
	有杂物卡阻	清除杂物
	机体部件或吊架松动	加固
	减震器损坏	更换减震器
	轴承磨损	更换轴承
	尘网脏	清洗尘网
风机紧急跳停	电源线松	紧固电源线
	电源受潮	干燥处理
	电机损坏	维修、更换电机
风机运行电流偏低	皮带松动	更换皮带或调整皮带
风机运行轴承温度偏高	轴承磨损	更换轴承
	电机侧轴承无润滑油或润滑油不够	添加润滑油
风机运行绕组温度偏高	电机缺相运行	调整上端电源、保证供电正常
	电源电压过高	调整上端电源、保证供电正常
	电源电压过低	调整上端电源、保证供电正常
	通风不畅	清除管道杂物,风阀全开
	电机绕组表面有异物	清理绕组表面异物
	绕组匝间短路、相间短路、绕组接地	更换绕组
风机拒动报警	联动风阀动作缓慢	调整、更换执行器
	现场闪光报警	现场复位
	联动风阀拒动	调整、更换执行器

续表

现象描述	故障原因	处理方法
马达控制柜故障	交流接触器损坏	更换交流接触器
	马达保护器数据丢失	重新编辑数据
	柜内继电器损坏	更换继电器
	马达保护器故障	更换马达保护器
变频器控制柜故障	相序保护器损坏	更换相序保护器
	变频器故障	维修或更换变频器
	变频器散热装置温度过高	更换变频器散热风扇
	交流接触器损坏	更换交流接触器
	柜内继电器损坏	更换继电器
	熔断器烧坏	更换熔断器
	风扇损坏	更换风扇
	控制回路故障	检查控制线路,紧固端子
软启动控制柜故障	相序保护器损坏	更换相序保护器
	软启动器故障	维修或更换软启动器
	交流接触器损坏	更换交流接触器
	柜内继电器损坏	更换继电器
	熔断器烧坏	更换熔断器
	风扇损坏	更换风扇
	控制回路故障	检查控制线路,紧固端子
误报	人为误报	检查设备未见异常
	设备误报	检查设备未见异常

8.2.2 组合空调机组常见故障及处理方法

组合空调机组常见故障及处理方法如表8.2所示。

表 8.2 组合空调机组故障处理表

现象描述	故障原因	处理方法
进出水口处压力表压差过大或水流量不足	管路上的水阀关闭	开启阀门
	机组内表冷器堵塞	疏通表冷器
	机组进水路上的Y形过滤器堵塞	疏通Y形过滤器
	出水管路上的差压控制器阀心卡堵	疏通阀心

续表

现象描述	故障原因	处理方法
机组风量不足	尘网堵塞	清洗尘网
	皮带松动或断裂	更换皮带
	机组框架断裂	加固
机组电机跳停	电源线松	紧固电源线
	电源受潮	干燥处理或更换
	电机损坏	维修、更换电机
机组运行震动、噪音大	风机侧皮带轮与电机侧皮带轮不在一个平面内	调整皮带轮
	轴承磨损严重	更换轴承
	叶轮损坏	更换叶轮
	电机减震器损坏	更换减震器
漏水	表冷器漏水	对漏水点进行封堵
	冷凝水盘漏水	对漏水点进行封堵
	排水管堵塞	疏通排水管
	风口因温差大造成的冷凝水	调整送风温度、检查保温棉
马达控制柜故障	交流接触器损坏	更换交流接触器
	马达保护器数据丢失	重新编辑数据
	柜内继电器损坏	更换继电器
	马达保护器故障	更换马达保护器
变频器控制柜故障	相序保护器损坏	更换相序保护器
	变频器故障	维修或更换变频器
	变频器散热装置温度过高	更换变频器散热风扇
	交流接触器损坏	更换交流接触器
	柜内继电器损坏	更换继电器
	熔断器烧坏	更换熔断器
	风扇损坏	更换风扇
	控制回路故障	检查控制线路,紧固端子
误报	人为误报	检查设备未见异常
	设备误报	检查设备未见异常
电子过滤器故障	灰尘堵塞表面	清洗电子过滤器
	过滤器故障	更换故障件

8.2.3 冷水机组常见故障及处理方法

冷水机组常见故障及处理方法如表 8.3 所示。

表 8.3 冷水机组故障处理表

现象描述	故障原因	处理方法
机组跳停	机组控制盘故障	更换故障件
	机组保护开关动作	检查排除故障后复位
	水流开关损坏	更换故障件
	水流量不足	阀门、水泵处于开状态
	机组电源缺相或对地短路	检查配电柜
	机组相序保护器损坏	更换故障件
	机组润滑油温不够	检查油加热器
	机组吸气压力低	检查相应传感器、冷冻水流量及温度、冷媒是否充足
	排气压力过高	检查相应传感器、冷却水流量及温度、冷媒是否过量
机组启动柜故障	启动柜内接触器损坏	更换故障件
	启动柜内继电器损坏	更换故障件
	启动内主开关损坏	更换故障件
	启动柜内电源模块损坏	更换故障件
电机运行杂音	电机侧轴承无润滑油或润滑油不够	检查润滑油量及机组油路系统
	轴承磨损严重	更换故障件
压缩机故障	压缩机内叶轮、螺杆磨损	更换故障件
	轴承磨损严重	更换故障件
	压缩机内高、低速齿轮磨损	更换故障件
机组参数错乱	机组传感器故障	更换故障件
误报	人为误报	检查设备未见异常
	设备误报	检查设备未见异常
风冷机无法开机	传感器损坏	更换故障件
	相序保护器损坏	更换故障件
	机组电源线松动	紧固电源线
机组参数错乱	机组传感器故障	更换故障件
压缩机无法运行	压缩机卡死	维修、更换压缩机
机组控制中心黑屏	电源线松脱	紧固电源线
通信异常	开关跳闸	检查无异常后合闸
	模块故障	更换故障件

8.2.4 环控水泵常见故障及处理方法

环控水泵常见故障及处理方法如表8.4所示。

表8.4 环控水泵故障处理表

现象描述	故障原因	处理方法
出口压力表指示有压力，泵不出水或出水很少	出水管阻力大	检查管路及阀门
	水泵反转	更换电源接线相序
	水泵叶轮堵塞	清理杂物
泵消耗功率过大,甚至过载	机械密封卡死	更换故障件
	水泵叶轮松动或脱落	重新安装叶轮
	叶轮或轴面损坏	更换故障件
	泵实际流量过大	调整出口阀门开度
轴承发热	油室中无润滑油或润滑油不够	添加润滑油
	轴承磨损严重	更换故障件
	泵轴与电机轴不同心	调整同心度
水泵震动、噪音大	泵轴与电机轴不同心	调整同心度
	轴承磨损严重	更换故障件
	水泵发生汽蚀	检查阀门开度、系统水量
轴封位置滴水	机械密封磨损	更换故障件
电机线圈对地	电机烧坏	维修、更换电机
误报	人为误报	检查设备未见异常
	设备误报	检查设备未见异常

8.2.5 冷却塔常见故障及处理方法

冷却塔常见故障及处理方法如表8.5所示。

表8.5 冷却塔故障处理表

现象描述	故障原因	处理方法
冷却水温高	冷却水旁流	关闭相关阀门
	补水阀未开或漏水	检查补水阀
	进出水阀门未开	检查相应阀门
	风机未开	检查风机
	皮带松	更换皮带
轴承发热	油室中无润滑油或润滑油不够	添加润滑油
	轴承磨损严重	更换故障件

续表

现象描述	故障原因	处理方法
皮带断裂	磨损、老化	更换故障件
无法开机	控制电路问题	检修控制电路
	转换开关损坏	更换转换开关
	电机损坏	更换故障件
运行中有杂音	风机叶片损坏或变形	更换故障件
漏水	塔体有漏	补漏
冷却水水量不足	浮球阀坏	更换故障件
马达控制柜故障	交流接触器损坏	更换交流接触器
	马达保护器数据丢失	重新编辑数据
	柜内继电器损坏	更换继电器
	马达保护器故障	更换马达保护器
误报	人为误报	检查设备未见异常
	设备误报	检查设备未见异常

8.2.6 风阀常见故障及处理方法

风阀常见故障及处理方法表 8.6 所示。

表 8.6 风阀故障处理表

现象描述	故障原因	处理方法
风阀关不严	行程开关没调整好	调整行程开关
风阀显示未定义	凸轮松动或损坏	更换故障件
	行程开关松动或损坏	更换故障件
	执行器机构松动	紧固
	执行器齿轮扫齿	更换故障件
风阀无法控制	风阀电源线松脱	紧固电源线
	风阀电机损坏	更换故障件
	风阀内继电器及电路板损坏	更换故障件
	风阀转动轴锈蚀或烧结	维修、更换转动轴
	风阀执行器延时电路板损坏	更换故障件
	风阀执行器主电路控制板故障	更换故障件
	风阀执行器凸轮行程开关松动走位	调整行程开关

续表

现象描述	故障原因	处理方法
防火阀关闭	防火阀熔片断	更换故障件
	防火阀温感器断裂	更换故障件
FAS监控系统不能收到防火阀反馈信号	反馈线松动	重新紧固
	防火阀执行器出现故障	更换故障件
风阀打开角度不正确	风阀阀片出现故障	更换故障件
风阀不能开、关	风阀机械传动连杆故障	更换故障件
叶片脱落	风口散流器叶片松脱	重新安装、紧固
风管晃动或支吊架有部位出现松动	支架及相关附件松脱	重新安装、紧固
误报	人为误报	检查设备未见异常
	设备误报	检查设备未见异常
防火阀控制故障	防火阀执行器控制线路受潮	干燥处理或更换
	执行器机械故障	更换故障件

8.2.7 多联机、分体空调常见故障及处理方法

多联机、分体空调常见故障及处理方法如表8.7所示。

表8.7 多联机、分体空调故障处理表

现象描述	故障原因	处理方法
压缩机故障	压缩机安装不良引起震动	重新安装、更换
	发生液击现象	检查制冷剂或润滑油是否过多,膨胀阀(或调节阀)的调节度(开启度)是否过大
	压缩机内部磨损	维修、更换
室外机故障	室外机保险丝熔断	更换故障件
	室外机电机烧毁	维修、更换
	室外机配线错误	重新接线
	风机接线处松动或接触不良	重新接线、紧固
	室外机传感器故障	更换故障件
室内机故障	室内机配线错误	重新接线
	室内机风扇保险丝熔断	更换故障件
	室内机电源变压器烧毁	更换故障件
	室内机组风机电机烧毁	更换故障件
	室内机组传感器故障	更换故障件
	室内机组启动电容烧坏	更换故障件

续表

现象描述	故障原因	处理方法
电子膨胀阀故障	动作不灵敏,关不严	维修、更换
保温棉破损	冷媒管保温棉因老化而脱胶破损	更换保温棉
误报	人为误报	检查设备未见异常
	设备误报	检查设备未见异常

8.2.8 风管、保温及附件常见故障及处理方法

风管、保温及附件常见故障及处理方法如表8.8所示。

表8.8 风管、保温及附件常见故障处理表

现象描述	故障原因	处理方法
保温棉破损	风管保温棉因老化而脱胶破损	更换保温棉
风口松动	风口老化松脱	紧固、更换风口
风管滴水	风管保温棉破损或保温失效,造成冷凝水	更换保温棉
保温棉锡纸破损	保温棉锡纸破损	修补

技 能 训 练

1. 地铁正常运营期间,通风空调设备出现故障,检修人员一般采取哪些措施进行处理?
2. 风机出现震动一般是什么原因导致的,应怎样处理?
3. 组合式空调机组出现震动一般是什么原因导致的,应怎样处理?
4. 冷水机组出现机组跳停一般是什么原因导致的,应怎样处理?
5. 环控水泵出口压力表指示有压力,泵不出水或出水很少的原因是什么,应怎样处理?
6. 风阀无法控制的常见原因是什么,应怎样处理?

第9章　城市轨道交通通风空调系统检修

9.1　通风空调系统检修标准

9.1.1　冷水机组检修标准

1. 作业材料及工器具

手套、口罩、电笔、毛巾、毛刷、吹风机、警示标牌、拖把、活动扳手、摇表、钳表、螺丝刀、内六角扳手、绝缘胶带、老虎钳、扫把、工作服、安全帽、绝缘鞋、黄油枪(季检、年检)、黄油(季检、年检)等。

2. 安全预想

① 检修人员在进行压缩机液位、颜色检查时不注意安全,被高温的压缩机烫伤。
② 检修人员在进行动力柜及主机控制箱检修时未断电作业,导致人员触电。
③ 严格按照维修规程操作,提前通知设调,并告知作业及影响范围,在作业过程中如发现异常情况,立即停止作业,及时处理。

3. 检修步骤

(1) 断电前

① 检查冷水机组运行参数,吸气压力为 210~400 kPa、排气压力为 250~1000 kPa、油压差不小于 210 kPa,冷冻水进出水温差小于 5 ℃,冷却水进出水温差小于 5 ℃,供回水压差 35~70 kPa。
② 检查主机运行是否有噪音及震动。
③ 用肥皂水测试安全阀有无泄漏,如有泄漏,进行相应的紧固或更换,安全阀切换至备用,并把泄漏的安全阀及时送检。
④ 查看供液视镜是否透明,有无气泡,满负荷运行时视镜内应无气泡且膨胀阀开度小于 60%(查看机组显示界面)。
⑤ 查看压缩机油位是否低于下限值,颜色应透明,无明显金属碎屑。
⑥ 检查控制柜内元器件是否异常,做到"望""闻"。
⑦ 打扫主机及周围卫生,先采用吹风枪清洁设备表面浮灰,再利用抹布擦拭设备,保证周围环境清洁。

(2) 断电时

① 联系高压专业配合高压侧停电,并悬挂停电作业指示牌。

② 戴绝缘手套对控制柜进行断电,先依次断开负载端再断开总开关。

③ 用万用表对总开关下端进行验电,电压为 0 V 方可作业,并悬挂"有人作业,禁止合闸"标示牌。

(3) 断电后

① 检查动力柜电气元器件是否有烧焦痕迹,检查并固定接线端子。

② 检查主机控制柜电气元器件是否有烧焦痕迹,检查并固定接线端子。

③ 检查群控柜电气元器件是否有烧焦痕迹,检查并固定接线端子。

④ 清洁控制箱及动力箱内部。

⑤ 联系供电人员配合把进线电源断开,然后进行电缆绝缘测试(测试绝缘时,供电房间内对应回路的接线端子必须拆下方可测试),绝缘电阻要求大于或等于 20 MΩ。

⑥ 检查各开关的参数,如需整定,按现场实际情况整定(比如下端因增加负载需要整定和调整的,按需要整定的开关下端负载电流峰值的 10% 为整定上限)。

⑦ 对达不到正常功能要求的元器件进行更换(比如,能实现开启功能但不能实现断开的接触器等)。

⑧ 关闭冷水机组进出水阀门,排净设备内积水,打开冷凝器端盖。

⑨ 检查铜管结垢情况,利用电动冷凝器清洗机清洗铜管,结束后利用系统水冲洗。

⑩ 观察冷冻机油位视液镜,正常油质为透明无杂质。如油存在明显杂质,需更换冷冻油。

⑪ 检查油过滤器压差,高、低油压差应不小于 210 kPa,如小于 210 kPa,更换油过滤器、干燥过滤器。

⑫ 检查机组吸气压力、排气压力,如吸气压力小于 210 kPa、排气压力小于 250 kPa,则重点对压缩机 3 处、油分离器 8 处、冷凝器 5 处、蒸发器 6 处采用肥皂水进行逐个检漏。

⑬ 检查机组管路连接丝口及法兰处有无漏油情况,重点进行侧漏检查。

⑭ 对机组表面用砂纸除锈、刷漆、保温棉修补,确保设备无锈蚀、保温棉无破损。

(4) 送电时

① 联系供电人员先把进线电源送上,然后对柜内各开关进行送电,送电要求先送总开关,再依次送负载端。

② 用万用表对总开关下端进行验电,相线与相线之间电压为 380 V±7%,相线与地线之间电压为 220 V±10%。

(5) 送电后

① 检查机组能否正常开启,运行参数是否正常。

② 检测机组正常试运行电流,机组电流不应超过额定电流。

9.1.2 组合式空调机组检修标准

1. 作业材料及工器具

手套、口罩、电笔、毛巾、口罩、毛刷、吹风机、警示标牌、拖把、活动扳手、摇表、钳表、螺丝刀、内六角扳手、绝缘胶带、老虎钳、扫把、工作服、安全帽、绝缘鞋、黄油枪(季检、年检)、黄油(季检、年检)等。

2. 安全预想

① 检修人员在进行机组过滤网拆洗时由于空间过小容易碰伤,滤网灰尘过大吸入造成身体损害。

② 检修人员在进行动力柜及主机控制箱检修时未断电作业,导致人员触电。

③ 严格按照维修规程操作,提前通知设调,并告知作业及影响范围,在作业过程中如发现异常情况,立即停止作业,及时处理。

3. 检修步骤及标准

(1) 断电前

① 检查设备房周围环境有无积水,有无杂物,有无积尘和虫网。

② 检查空调机组运行是否平稳,有无杂音。

③ 检查进风口是否干净无堵塞,防虫网有无破损,过滤网有无变形。

④ 检查表冷段的表冷器有无漏点,集水盘有无漏水。

⑤ 检查风阀的开关状态是否与机组运行模式相符。

(2) 断电时

① 戴绝缘手套将环控柜断电,先依次断开开关旋钮再抽出抽屉柜。

② 用万用表对总开关下端进行验电,电压为 0 V 方可作业,并悬挂"有人作业,禁止合闸"标示牌。

(3) 断电后

① 检查机组皮带有无裂纹,若有问题及时更换皮带。

② 检查机组固定螺栓防松线有无松动。

③ 用摇表测量风机三相绝缘和外壳绝缘,风机三相绝缘和外壳绝缘不小于 0.5 MΩ。

④ 用油枪给风机轴承添加锂基脂。

⑤ 检查过滤网是否有脏堵,及时清洗过滤网。

⑥ 拆卸电子除尘段集尘铝极板,用水清洗。

⑦ 检查控制柜线路绝缘有无破损、老化、开裂,排列是否整齐,标牌是否齐全。

(4) 送电时

① 在环控室把进线电源送上,然后对各抽屉柜开关进行送电,送电要求先送总开关,再依次送负载端。

② 用万用表对总开关下端进行验电,相线与相线之间电压为 380 V±7%、相线与地线之间电压为 220 V±10% 为正常。

(5) 送电后

① 检查机组运行是否平稳,机组是否抖动,若抖动剧烈查看皮带安装是否稳定。

② 检测机组正常试运行电流,机组电流不应超过额定电流。

9.1.3 风机盘管检修标准

1. 作业材料及工器具

手套、口罩、电笔、毛巾、毛刷、吹风机、警示标牌、拖把、活动扳手、摇表、钳表、螺丝刀、内六角扳手、绝缘胶带、老虎钳、扫把、工作服、安全帽、绝缘鞋、黄油枪（季检、年检）、黄油（季检、年检）等。

2. 安全预想

① 检修人员在检查风机盘管使用梯子未佩戴安全绳导致摔伤。

② 检修人员在进行动力柜及主机控制箱检修时未断电作业，导致人员触电。

③ 严格按照维修规程操作，提前通知设调，并告知作业及影响范围，在作业过程中如发现异常情况，立即停止作业，及时处理。

3. 检修步骤

① 检查风机盘管运行平稳无异响。

② 检查风机盘管是否无抖动，风机盘管应无凝露、无漏水。

③ 检查风机盘管过滤网有无积尘，若有积尘断电拆下过滤网进行清洗。

④ 检查风机盘管端子有无松动，若有松动用螺丝刀加固。

⑤ 检查盘管内有无水垢，风机盘管内有无积水。

9.1.4　风机检修标准

1. 作业材料及工器具

手套、口罩、电笔、毛巾、毛刷、吹风机、警示标牌、拖把、活动扳手、摇表、钳表、螺丝刀、内六角扳手、绝缘胶带、老虎钳、扫把、工作服、安全帽、绝缘鞋、黄油枪（季检、年检）、黄油（季检、年检）等。

2. 安全预想

① 检修人员在进行风机检查时未穿戴好安全绳，导致人员摔落。

② 检修人员在进行控制箱检修时未断电作业，导致人员触电。

③ 严格按照维修规程操作，提前通知设调，并告知作业及影响范围，在作业过程中如发现异常情况，立即停止作业，及时处理。

3. 检修步骤

（1）断电前

① 检查风机运行是否平稳无异响、抖动。

② 检查风机固定是否牢固，有无脱落迹象。

③ 检查手操箱指示灯是否正常，且与运行状态一致。

④ 检查手操箱柜内有无异味、异响，各级开关状态是否正确，端子有无氧化、锈蚀，柜内有无凝露，线路是否整齐，标牌是否齐全。

（2）断电时

① 在环控室断开开关旋钮再抽出抽屉柜，戴绝缘手套对就地控制箱进线进行断电。

② 用万用表对总开关下端进行验电，电压为 0 V 方可作业，并悬挂"有人作业，禁止合

闸"标示牌。

(3) 断电后

① 用摇表测量三相绝缘和外壳绝缘。

② 检查机柜内有无杂物、积尘,用吹风机进行除尘,用刷子清扫风扇扇叶,保证其干净无灰尘。

③ 检查线路绝缘有无破损、老化、开裂,线路是否排列整齐、标牌齐全,接线端子有无松动,若有松动用螺丝刀对端子加固。

④ 检查风机防护罩螺丝有无松动,若有松动用扳手加固。

⑤ 用油枪给风机轴承添加锂基脂。

(4) 送电时

① 在环控室把抽屉柜合闸并送电,然后戴绝缘手套将就地控制箱进线负载送电。

② 用万用表对总开关下端进行验电,相线与相线之间电压为 380 V±7%、相线与地线之间电压为 220 V±10% 为正常。

(5) 送电后

① 检查风机运行是否平稳,有无抖动、异声。

② 检测机组正常试运行电流,风机电流不应超过额定电流。

9.1.5　组合式风阀检修标准

1. 作业材料及工器具

手套、口罩、电笔、毛巾、毛刷、吹风机、警示标牌、拖把、活动扳手、摇表、钳表、螺丝刀、内六角扳手、绝缘胶带、老虎钳、扫把、工作服、安全帽、绝缘鞋、黄油枪(季检、年检)、黄油(季检、年检)等。

2. 安全预想

① 检修人员在进行控制箱检修时未断电作业,导致人员触电。

② 严格按照维修规程操作,提前通知设调,并告知作业及影响范围,在作业过程中如发现异常情况,立即停止作业,及时处理。

3. 检修步骤

(1) 本体检查

① 检查风阀有无积尘、虫网,用抹布擦去灰尘。

② 检查风阀动作是否灵活。

③ 检查风阀本体状态与模式表是否一致。

④ 检查组合风阀连杆有无脱落,组合风阀定位销是否牢固可靠,固定风阀的墙体有无裂缝。

⑤ 检查风阀固定螺栓有无锈蚀,风阀扇叶有无破损。

(2) 执行器检查

① 检查线路绝缘有无破损、老化、开裂,线路是否排列整齐、标牌齐全,接线端子有无松动氧化,若有松动用螺丝刀对端子加固。

② 检查执行器有无积尘、虫网，用抹布擦去灰尘。
③ 检查执行器固定是否可靠无松动，若松动用扳手进行加固。

(3) 手操箱检查
① 检查机柜内有无杂物、积尘，用吹风机进行除尘，用刷子清扫风扇扇叶，保证其干净无灰尘。
② 检查线路绝缘有无破损、老化、开裂，线路是否排列整齐、标牌齐全，接线端子有无松动氧化，若有松动用螺丝刀对端子加固。
③ 检查指示灯与执行器对应动作是否一致。

9.1.6 风机（人防射流排烟风机）检修标准

1. 作业材料及工器具

手套、口罩、电笔、毛巾、毛刷、吹风机、警示标牌、拖把、活动扳手、摇表、钳表、螺丝刀、内六角扳手、绝缘胶带、老虎钳、扫把、工作服、安全帽、绝缘鞋、黄油枪（季检、年检）、黄油（季检、年检）等。

2. 安全预想

① 检修人员在进行风机检查时未穿戴好安全绳，导致人员摔落。
② 检修人员在进行控制箱检修时未断电作业，导致人员触电。
③ 严格按照维修规程操作，提前通知设调，并告知作业及影响范围，在作业过程中如发现异常情况，立即停止作业，及时处理。

3. 检修步骤

(1) 断电前
① 检查支架固定螺栓有无锈蚀，支架焊接是否牢固无脱焊。
② 检查各级开关状态是否正确。
③ 检查柜体安装是否牢固，不倾斜不晃动，控制柜箱门固定是否牢固无松动。
④ 检查指示灯指示与设备运行状态是否一致，柜体各转换开关位置是否正确，指示灯、开关标牌有无缺失。

(2) 断电时
① 在环控室断开开关旋钮再抽出抽屉柜，戴绝缘手套对就地控制箱进线进行断电。
② 用万用表对总开关下端进行验电，电压为 0 V 方可作业，并悬挂"有人作业，禁止合闸"标示牌。

(3) 断电后
① 用摇表测量三相绝缘和外壳绝缘。
② 检查机柜内有无杂物、积尘，用吹风机进行除尘，用刷子清扫风扇扇叶，保证其干净无灰尘。
③ 检查线路绝缘有无破损、老化、开裂，线路是否排列整齐、标牌齐全，接线端子有无松动氧化，用螺丝刀对端子加固。
④ 检查风机防护罩螺丝有无松动，若有松动用扳手加固。

⑤ 用油枪给风机轴承添加锂基脂。

（4）送电时

① 在环控室把抽屉柜合闸并送上电，然后戴绝缘手套将就地控制箱进线负载送电。

② 用万用表对总开关下端进行验电，相线与相线之间电压为 380 V±7%、相线与地线之间电压为 220 V±10% 为正常。

（5）送电后

① 检查风机运行是否平稳，无抖动，无异声。

② 检测机组正常试运行电流，风机电流不应超过额定电流。

9.1.7　风管检修标准

1. 作业材料及工器具

手套、口罩、电笔、毛巾、毛刷、吹风机、警示标牌、拖把、活动扳手、摇表、钳表、螺丝刀、内六角扳手、绝缘胶带、老虎钳、扫把、工作服、安全帽、绝缘鞋、黄油枪（季检、年检）、黄油（季检、年检）等。

2. 安全预想

① 检修人员在进行风管检查未佩戴好安全绳，导致人员摔落。

② 严格按照维修规程操作，提前通知设调，并告知作业及影响范围，在作业过程中如发现异常情况，立即停止作业，及时处理。

3. 检修步骤

（1）表面检查

① 检查管路及附件是否连接完好。

② 检查管道支架是否牢固、变形、移位、腐蚀。

③ 检查管道保温是否完整。

④ 检查管道是否有漏风现象，查看软接处是否松动。

（2）设备保养

① 用抹布和毛刷清理管路及附件表面灰尘。

② 紧固管道及附件的螺栓，保证螺栓无松动。

③ 紧固管道支架的固定螺丝，保证管道无偏移松动。

④ 对管路及附件表面油漆脱落的进行补漆，保证管路及附件无锈蚀。

⑤ 对管道保温进行固定，保证管道保温完整。

9.1.8　消声器检修标准

1. 作业材料及工器具

手套、口罩、电笔、毛巾、毛刷、吹风机、警示标牌、拖把、活动扳手、摇表、钳表、螺丝刀、内六角扳手、绝缘胶带、老虎钳、扫把、工作服、安全帽、绝缘鞋、黄油枪（季检、年检）、黄油（季检、年检）等。

2. 安全预想

① 检修人员在进行消声器检查未佩戴好安全绳,导致人员摔落。

② 严格按照维修规程操作,提前通知设调,并告知作业及影响范围,在作业过程中如发现异常情况,立即停止作业,及时处理。

3. 检修步骤

① 检查消声器是否固定牢固,有无脱落迹象。

② 检查固定螺栓有无锈蚀。

9.2 通风空调检修规定周期和内容

9.2.1 冷水机组检修周期、检修内容

冷水机组检修周期、检修内容如表 9.1 所示。

表 9.1 冷水机组检修周期、检修内容

类别	检修内容	周期
日检	① 检查和记录运行参数	每天(空调季节)
	② 检查主机运行情况是否正常(噪音及震动情况等),或停用时的状态(油加热器)是否正常	
月检	① 检查蒸发器的保温、冷水机组表面破损锈蚀情况	每周(空调季节)
	② 检查主机及周围环境	
	③ 注意冷冻、冷却水过滤器前后压降	
月检	① 含日常巡检全部内容	每月(空调季节)
	② 检查运行参数记录表	
	③ 检查安全阀的气密性	
	④ 视需要添加制冷剂	
	⑤ 检查电源线接点松脱	
	⑥ 压缩机液位、颜色检查,噪声测试	
	⑦ 启动柜及控制箱内的检查及清扫	
	⑧ 水流开关的检验、调整及更换	
	⑨ 检查制冷系统泄漏	
	⑩ 检查控制柜内线路状况	
	⑪ 检查连接螺栓与地脚螺栓是否牢固	

续表

类别	检修内容	周期
年检	① 含月度维护保养全部内容 ② 检修更换安全阀 ③ 温度、压力传感器的校验或更换，各控制元件的检查或更换 ④ 控制程序测试 ⑤ 更换冷冻机油 ⑥ 检查、更换上卸载机构 ⑦ 机组表面除锈及涂油漆 ⑧ 热交换器的内部清洁 ⑨ 干燥过滤器、油过滤器的更换 ⑩ 冷凝器、蒸发器清洗	每年

9.2.2 组合式空调机组检修周期、检修内容

组合式空调机组检修周期、检修内容如表 9.2 所示。

表 9.2 组合式空调机组检修周期、检修内容

类别	检修内容	周期
日检	① 检查检修门功能是否正常 ② 检查风机的运行情况（电流、噪声） ③ 检查集水盘排水正常、无泄漏 ④ 检查风机段 ⑤ 检查机体是否变形、箱体是否有泄漏 ⑥ 检查电子净化装置的运行 ⑦ 检查风机出风口的软接	每天
月检	① 包括日常巡检全部内容 ② 检查皮带松紧度，调整、更换 ③ 检查风机周围环境及内部环境是否清洁 ④ 检查过滤器滤网积尘情况，并视情况清洗及更换 ⑤ 检查电气接线、控制柜功能 ⑥ 检查内部检修照明装置	每月

续表

类别	检修内容	周期
季检	① 含月度维护保养全部内容 ② 检查电气线路与电机绝缘 ③ 检查消声器 ④ 检查风机轴承及减震器 ⑤ 检查风机有无移位 ⑥ 清洗表冷器集水盘 ⑦ 保养电子净化装置 ⑧ 风机加润滑油	每季
年检	① 含季度维护保养全部内容 ② 表冷器的检查及翅片清洗 ③ 箱体及支架的防锈及涂油漆 ④ 检查电机、风机转子	每年

9.2.3 风机盘管检修周期、检修内容

风机盘管检修周期、检修内容如表 9.3 所示。

表 9.3 风机盘管检修周期、检修内容

类别	检修内容	周期
日检	① 检查风机运行情况 ② 检查风机盘管周围环境是否清洁 ③ 检查风机盘管及周边有无漏水	每日(空调季节)
季检	① 包括日常巡检全部内容 ② 检查清洗进风口过滤网 ③ 控制器维护更换 ④ 检查清洗接水盘 ⑤ 检查修复风管、水管、接水盘保温 ⑥ 清洁风机蜗壳及转子	每季度(空调季节)
年检	① 包括季度维护保养全部内容 ② 检查清洗表冷器翅片 ③ 检查水管软接头 ④ 检查电动二通阀 ⑤ 风机的维护维修	每年

9.2.4 VRV及分体空调系统检修周期、检修内容

VRV及分体空调系统检修周期、检修内容如表9.4所示。

表9.4 VRV及分体空调系统检修周期、检修内容

类别	检修内容	周期
周检	① 室外机清洁及周围环境清扫 ② 检查室外机运行情况 ③ 检查室内机运行情况 ④ 检查管道保温有无破损	每周
季检	① 包括周度维护保养全部内容 ② 室内机滤网及室外机翅片清洗 ③ 检查电气安全性能 ④ 检查风口出风温度是否正常	每季度
年检	① 含季检所有内容 ② 视设备运行情况确定是否更换主要零部件或整体 ③ 检查控制回路及元件 ④ 检查制冷系统泄露	每年

9.2.5 各类风机检修周期、检修内容

各类风机检修周期、检修内容如表9.5所示。

表9.5 各类风机检修周期、检修内容

类别	检修内容	周期
日检	① 检查车站风机运行情况 ② 检查风机进出风软接头 ③ 检查风机设备及周围环境，并视情况进行清洁	每日
月检	① 包括日常巡检全部内容 ② 检查紧固地脚、吊杆螺栓 ③ 检查风机接线及控制柜功能 ④ 检查减震器、风机叶轮、外壳 ⑤ 检查风机动力及控制回路	每月
季检	① 包括月度维护保养保养全部内容 ② 风机轴承的检查 ③ 检查风机电机	每季度

类别	检修内容	周期
年检	① 包括季度维护保养全部内容 ② 检查风机平衡情况,必要时做动静平衡试验 ③ 检查机体及支吊架的防锈与涂油漆 ④ 根据需要检测风量及风压(更换叶片、电机时需测量) ⑤ 根据需要检查风机叶片的角度(更换叶片时需测量) ⑥ 检查更换老化变形的软接	每年度

9.2.6 各类风阀检修周期、检修内容

各类风阀检修周期、检修内容如表9.6所示。

表9.6 各类风阀检修周期、检修内容

类别	检修内容	周期
日检	① 检查风阀是否正常,风阀开度是否与预期模式一致 ② 检查阀框	每日
季检	① 包括日常维护保养全部内容 ② 检查电动组合式风阀电机绝缘 ③ 执行机构的保养(检修或更换) ④ 检查关键转动部位是否灵活、润滑是否良好 ⑤ 检查电气接线及开关触点 ⑥ 调校传动部位松紧度 ⑦ 检查风阀运行情况	每季度
年检	① 包含季度维护保养所有内容 ② 查看阀体表面、传动机构零部件等表面是否锈蚀 ③ 检查叶片及叶片轴组件是否疲劳破坏 ④ 检查边条、端密封是否老化,密封件卡片是否脱落	每年

9.2.7 消声器检修周期、检修内容

消声器检修周期、检修内容如表9.7所示。

表 9.7 消声器检修周期、检修内容

类别	检修内容	周期
日检	① 检查消声器	每日
季检	① 含日常维护保养全部内容 ② 检查消声组件形状 ③ 检查消声器表面是否清洁 ④ 检查连接接点 ⑤ 检查调整消声组件的间距、垂直度 ⑥ 清理消声器内部	每季度
年检	① 含季度维护保养所有内容 ② 检查防腐蚀保护层外观 ③ 根据设备运行情况确定是否更换主要零部件或整体 ④ 支架的检查及防锈、涂油漆	每年

9.2.8 风管系统检修周期、检修内容

风管系统检修周期、检修内容如表 9.8 所示。

表 9.8 风管系统检修周期、检修内容

类别	检修内容	周期
日检	① 检查风管是否有泄漏等 ② 检查风管保温是否良好 ③ 检查风管是否有异常震动 ④ 检查风管、风口、散流器表面及周围环境清洁情况 ⑤ 检查新风道、排风道、风亭、风井	每日
季检	① 包括日常维护保养全部内容 ② 根据需要修补保温棉	每季度
年检	① 包括季度维护保养全部内容 ② 根据需要实施风管内部清扫 ③ 视运行情况确定是否更换主要零部件或整体 ④ 风管无变形漏风 ⑤ 检查管道及支架	每半年

技 能 训 练

1. 冷水机组日常巡检内容有哪些?
2. 冷水机组年检内容有哪些?
3. 风机季度检修内容有哪些?

附 录

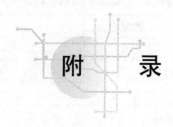

附录 A 环控设备日检巡视记录表

环控设备日检巡视记录表

设备处所：_____　　　　　　　　　　　巡视时间：____年___月___日

巡检项目	巡检内容	巡检标准	状态	周期	备注
冷水机组	1. 检查和记录运行参数	参数在正常范围内（机组进出水温度/压力、运行电压、吸/排气压力在机组要求范围内，冷冻水进出水温差5℃，冷却水进出水温差5℃，供回水压差100～200 kPa，运行电压380 V±10%，冷水机组吸气压力210～400 kPa，排气压力250～1000 kPa，吸/排气压差大于230 kPa）		空调季节每日	
	2. 检查主机运行情况是否正常（噪音及震动情况等），或停用时的状态（油加热器）是否正常	运行时无异常噪音和震动，停用时状态正常			
	3. 检查蒸发器的保温、冷水机组表面破损锈蚀情况	视情况需要进行修补，保证表面无大面积破损锈蚀			
	4. 检查主机及周围环境	视情况进行清扫，保证表面无明显灰尘			
	5. 注意冷冻、冷却水过滤器前后压降	压降过大时需要清洗过滤器			

续表

巡检项目	巡检内容	巡检标准	状态	周期	备注
组合空调机组	1. 检查检修门功能是否正常	抽样检查检修门的严密性、灵活性,开启及锁紧功能良好		每日	
	2. 检查风机的运行情况(电流、噪声)	无异常噪音及震动性,运行平稳			
	3. 检查集水盘排水正常、无泄漏	排水畅通、干净			
	4. 检查风机段	无积水,整洁,无移位			
	5. 检查机体是否变形、箱体是否有泄漏	无变形、无明显泄漏			
	6. 检查电子净化装置的运行	无报警			
	7. 检查风机出风口的软接	无松动、紧固、无破损			
风机盘管	1. 检查风机运行情况	无异常噪音及震动		空调季节每日	
	2. 检查风机盘管周围环境是否清洁	表面清洁,无明显灰尘			
	3. 风机盘管及周边无漏水	无漏水			
VRV及分体空调	1. 室外机清洁及周围环境清扫	整洁		每周周一进行周检	
	2. 检查室外机运行情况	运行电流正常,无噪声,冷凝水管排水正常			
	3. 检查室内机运行情况	无异常噪音和震动,积液盘无渗漏,排水泵正常运行			
	4. 管道保温层无破损	无破损、无结露			
各类风机	1. 检查车站风机运行情况	运行平稳,无异常噪音及震动		每日	
	2. 检查风机进出风软接头	软接头无漏风、无破损			
	3. 检查风机设备及周围环境,并视情况进行清洁	无变形破损,整洁,不影响设备正常运行			

续表

巡检项目	巡检内容	巡检标准	状态	周期	备注
风阀	1. 检查风阀是否正常,风阀开度是否与预期模式一致	电机底座牢固,表面卫生清洁,开关到位		每日	
	2. 检查阀框	牢固			
消声器	检查消声器	工作正常(外观正常、无变形、无异物)		每日	
风管	1. 检查风管是否有泄漏等	无泄漏		每日	
	2. 检查风管保温是否良好	保温完好,无结露			
	3. 检查风管是否有异常震动	无异常震动			
	4. 检查风管、风口、散流器表面及周围环境清洁	保持整洁			
	5. 检查新风道、排风道、风亭、风井	风道、风亭、风井无异物			
水处理设备、加药设备	1. 检查管路是否有泄漏、滴水等	无泄漏、滴水等		空调季节每日	
	2. 水处理设备、加药设备运行正常	设备运行正常			
	3. 检查管路及支吊架是否有腐蚀	无腐蚀			

备注:

巡视人:　　　　　　　　　　　　　　　　　　　　　　　　　　　确认人:

填写要求:状态栏填写,巡视要求中有参数的须在状态栏如实记录设备运行参数,其余正常打"√",不正常打"×";异常情况、器件更换、重大调整记录于备注中(可另附页)。

附录 B　环控设备月检记录表

环控设备月检记录表

设备处所：_____　　　　　　　　　　巡视时间：____年____月____日

巡检项目	巡检内容	巡检标准	状态	周期	备注
冷水机组	1. 检查运行参数记录表	运行参数稳定有序		空调季每月	
	2. 检查安全阀的气密性	无泄漏（电子检漏仪不发生报警）			
	3. 视需要添加制冷剂	满负荷运行时视镜内无气泡且膨胀阀开度小于60%			
	4. 检查电源线接点松脱	接线牢固			
	5. 压缩机液位、颜色检查、噪声测试	液位正常，颜色透明，无明显金属碎屑，无异常噪声			
	6. 启动柜及控制箱内的检查及清扫	整洁，无明显灰尘			
	7. 水流开关的检验、调整及更换	正常工作			
	8. 检查制冷系统泄漏	无泄漏			
	9. 检查控制柜内线路状况	无导线松动、烧毁触头、烧坏导线的痕迹			
	10. 检查连接螺栓与地脚螺栓是否牢固	牢固			
组合式空调机组	1. 检查皮带松紧度、调整、更换	皮带无裂纹、磨损及开层，视情况更换		每月	
	2. 检查风机周围环境及内部环境是否清洁	整洁			
	3. 过滤器滤网积尘情况检查并视情况清洗及更换	无脏堵、无缺失			
	4. 电气接线、控制柜功能检查	接线与元器件完好			
	5. 检查内部检修照明装置	照明正常			

续表

巡检项目	巡检内容	巡检标准	状态	周期	备注
各类风机	1. 检查紧固地脚、吊杆螺栓	紧固无松动		每月	
	2. 检查风机接线及控制柜功能	接线与元器件完好			
	3. 检查减震器、风机叶轮、外壳	减震器工作正常、无变形破损			
	4. 检查风机动力及控制回路	线路整齐美观,接线端子与元器件紧固			
水处理设备、加药设备月检	每月取水样一次,进行水质分析,根据分析报告及时调整加药量、药剂组分	水质达到国家标准		空调季每月	
水处理设备、加药设备开机前检查	1. 为每站水处理、加药设备做一次全面的专业检修,将本季内需要的水处理药剂搬运至现场,做好设备调试、故障部件的检修更换工作	设备正常投入运行		每年4月	
	2. 冷却塔填料清洗	化学清洗后的填料不应有积垢			
水处理设备、加药设备关机前检查	1. 在水系统内加湿润剂,水处理设备停用后,对设备做一次关机检修	设备处于安全状态		每年	
	2. 放净冷却、冷冻循环水,并对管道、表冷器进行吹扫	管道及表冷器干燥		每年11月	
检修中发现的问题及处理情况					
检修设备编号及数量					

填表人:　　　　　　检修负责人:　　　　　　确认人:

备注:修前状态、修后状态正常打"√",不正常打"×"(需写明现象及处理情况,在备注栏中详细记录,数值类需填写实际测量数据)。

附录 C 环控设备季检记录表

环控设备季检记录表

设备处所：_____　　　　　　　　　　巡视时间：____年___月___日

巡检项目	巡检内容	巡检标准	状态	周期	备注
冷水机组	1. 检查电气线路与电机绝缘	绝缘电阻大于 0.5 MΩ		空调季每季度	
	2. 检查消声器	清洁，工作正常			
	3. 风机轴承及减震器的检查	无异常噪音和震动、减震器无破损、轴承润滑良好			
	4. 检查风机有无移位	无移位			
	5. 表冷器、集水盘清洗	无藻类、无淤泥结垢，冷凝水排水畅通			
	6. 电子净化装置保养	集尘铝极板清洁、控制柜接线与元器件完好			
	7. 风机加润滑油	润滑良好，运行平稳			
组合式空调机组	1. 检查清洗进风口过滤网	清洁、无堵塞		每季度	
	2. 控制器维护更换	接线与功能完好			
	3. 检查清洗接水盘	排水畅通、干净			
	4. 风管、水管、接水盘保温检查修复	保温良好、无结露			
	5. 风机蜗壳及转子清洁	表面洁净、无结垢			
风机盘管	1. 检查清洗进风口过滤网	清洁、无堵塞		空调季每季度	
	2. 控制器维护更换	接线与功能完好			
	3. 检查清洗接水盘	排水畅通、干净			
	4. 风管、水管、接水盘保温检查修复	保温良好、无结露			
	5. 风机蜗壳及转子清洁	表面洁净、无结垢			
VRV及分体空调系统	1. 室内机滤网及室外机翅片清洗	干净整洁、无阻塞		每季度	
	2. 检查电气安全性能	压缩机绝缘与线圈内阻等在正常范围			
	3. 风口出风温度正常	正常			

续表

巡检项目	巡检内容	巡检标准	状态	周期	备注
各类风机	1. 风机轴承的检查	无异常噪音和震动、轴承润滑良好		每季度	
	2. 检查风机电机	风机电机运行良好,电动机绝缘性≥0.5 MΩ			
风阀	1. 检查电动组合式风阀电机绝缘	绝缘电阻大于 0.5 MΩ		每季度	
	2. 执行机构的保养(检修或更换)	动作灵敏、可靠			
	3. 检查关键转动部位是否灵活、润滑	转动灵活			
	4. 检查电气接线及开关触点	接线与元器件完好			
	5. 传动部位松紧度调校	动作灵敏、可靠			
	6. 检查风阀运行情况	开闭灵活、无异常噪音或震动			
消声器	1. 检查消声组件形状	表面平直、光滑,无锈蚀		每季度	
	2. 检查消声器表面是否清洁	无污垢、积灰			
	3. 检查连接接点	无松动、无位移、无损坏			
	4. 检查调整消声组件的间距、垂直度	符合原产品安装标准			
	5. 检查消声器内部清理	清洁			
风管	根据需要修补保温棉	保持保温棉完好		每季度	
检修中发现的问题及处理情况					
检修设备编号及数量					

填表人:　　　　　　检修负责人:　　　　　　确认人:

备注:修前状态、修后状态正常打"√",不正常打"×"(需写明现象及处理情况,在备注栏中详细记录,数值类需填写实际测量数据)。

附录 D 环控设备年检记录表

环控设备年检记录表

设备处所：＿＿＿＿＿＿＿＿   巡视时间：＿＿＿＿年＿＿＿月＿＿＿日

巡检项目	巡检内容	巡检标准	状态	周期	备注
冷水机组	1. 检修更换安全阀	阀体内部有无腐蚀、生锈、结垢、泄漏等现象		每年	
	2. 温度、压力传感器的校验或更换,各控制元件的检查或更换	正常			
	3. 控制程序测试	空动作测试正常			
	4. 更换冷冻机油	油样分析指标符合规范要求（冷机每运行 2000 小时进行冷冻机油更换）			
	5. 检查、更换上卸载机构	机组正常上卸载			
	6. 机组表面除锈及油漆	无锈蚀、美观			
	7. 热交换器的内部清洁	无结垢			
	8. 干燥过滤器、油过滤器的更换	高、低压油压差不小于 210 kPa（冷机每运行 2000 小时进行冷冻机油更换）			
	9. 冷凝器、蒸发器清洗	清洁、无结垢			
组合式空调机组	1. 表冷器的检查及翅片清洗	表冷器无渗漏、清洁无结垢		每年	
	2. 箱体及支架的防锈及涂油漆	无锈蚀、美观			
	3. 检查电机、风机转子	性能完好、风机转动正常、无异常声音,电机绝缘检查			
风机盘管	1. 检查清洗表冷器翅片	清洁、无堵塞		每年	
	2. 检查水管软接头	无漏水、无老化			
	3. 检查电动二通阀	动作灵敏			
	4. 风机的维护维修	性能完好、风机转动正常、无异常声音,电机绝缘检查,绝缘电阻大于 0.5 MΩ			

续表

巡检项目	巡检内容	巡检标准	状态	周期	备注
VRV及分体空调系统	1. 视设备运行情况确定是否更换主要零部件或整体	设备正常运行		每年	
	2. 检查控制回路及元件	端子紧固,线缆整齐美观			
	3. 检查制冷系统泄漏	满负荷运转工作压力及温度在正常范围之内			
各类风机	1. 检查风机平衡情况,必要时做动静平衡试验	无异常噪音和震动		每年	
	2. 检查机体及支吊架的防锈与油漆	无锈蚀、美观			
	3. 根据需要检测风量及风压(更换叶片、电机时需测量)	达设计标准(见现场设备铭牌)			
	4. 根据需要检查风机叶片的角度(更换叶片时需测量)	角度一致、符合出厂要求(各类风机叶片角度不一,需核查合同)			
	5. 检查更换老化变形的软接	风机软接完好无裂纹			
风阀	1. 查看阀体表面、传动机构零部件等表面是否锈蚀	表面清洁,镀锌层完好		每年	
	2. 检查叶片及叶片轴组件是否疲劳破坏	叶片轴组件转动灵活,无疲劳扭曲			
	3. 检查边条、端密封是否老化,密封件卡片是否脱落	密封条无变色,质地均匀			
消声器	1. 防腐蚀保护层外观检查	涂层无破损情况		每年	
	2. 根据设备运行情况确定是否更换主要零部件或整体	功能状态正常			
	3. 支架的检查及防锈、涂油漆	牢固、无锈蚀、美观			
风管	1. 根据需要实施风管内部清扫	根据管内实际情况进行清扫		每年	
	2. 视运行情况确定是否更换主要零部件或整体	管道运行正常			
	3. 风管无变形漏风	无变形,无漏风			
	4. 检查管道及支架	管道及支架固定牢靠,表面无锈蚀			

续表

巡检项目	巡检内容	巡检标准	状态	周期	备注
检修中发现的问题及处理情况					
检修设备编号及数量					

填表人：　　　　检修负责人：　　　　确认人：

备注：修前状态、修后状态正常打"√"，不正常打"×"（需写明现象及处理情况，在备注栏中详细记录，数值类需填写实际测量）。

参考文献

[1] 陈舒萍.城市轨道交通车站空调与通风系统[M].成都:西南交通大学出版社,2018.
[2] 陈昌进.城市轨道交通通风空调给排水低压配电检修工[M].北京:人民交通出版社,2016.
[3] 丁云飞.空调冷热源工程[M].北京:机械工业出版社,2019.
[4] 吴业正,李红旗,张华.制冷压缩机[M].3版.北京:机械工业出版社,2017.
[5] 朱立.制冷压缩机与设备[M].北京:机械工业出版社,2016.
[6] 黄翔.空调工程[M].北京:机械工业出版社,2017.